"十三五"国家重点图书

中国经济治略丛书

教育部人文社会科学研究一般项目资助（11YJC790153）

中国农民专业合作社合作机制研究

On the Cooperative Mechanism of Specialized Farmers Cooperatives in China

石绍宾 著

中国财经出版传媒集团

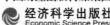

经济科学出版社
Economic Science Press

图书在版编目（CIP）数据

中国农民专业合作社合作机制研究/石绍宾著．
—北京：经济科学出版社，2016.10
ISBN 978 - 7 - 5141 - 7297 - 3

Ⅰ.①中…　Ⅱ.①石…　Ⅲ.①农业合作社 - 专业
合作社 - 研究 - 中国　Ⅳ.①F321.42

中国版本图书馆 CIP 数据核字（2016）第 233940 号

责任编辑：于海汛　宋　涛
责任校对：王苗苗
责任印制：李　鹏

中国农民专业合作社合作机制研究
石绍宾　著
经济科学出版社出版、发行　新华书店经销
社址：北京市海淀区阜成路甲 28 号　邮编：100142
总编部电话：010 - 88191217　发行部电话：010 - 88191522
网址：www. esp. com. cn
电子邮件：esp@ esp. com. cn
天猫网店：经济科学出版社旗舰店
网址：http://jjkxcbs. tmall. com
北京季蜂印刷有限公司印装
710 × 1000　16 开　8.75 印张　140000 字
2016 年 10 月第 1 版　2016 年 10 月第 1 次印刷
ISBN 978 - 7 - 5141 - 7297 - 3　定价：26.00 元
（图书出现印装问题，本社负责调换。电话：010 - 88191502）
（版权所有　侵权必究　举报电话：010 - 88191586
电子邮箱：dbts@ esp. com. cn）

总　序

经过了 30 多年波澜壮阔的改革开放，中国的经济建设成就辉煌、举世瞩目。然而在欣喜之余，我们却蓦然发现，资源枯竭、环境恶化、发展失衡、矛盾凸显……如何克服这些困扰从而实现强国之梦？这已经成为每一位中国人时常思考的问题。作为在中国这片热土上成长起来的经济学者，汲取着经济腾飞的红利，享受着承平盛世的幸福，自然不敢也不该忘忧祖国的困境。总结、梳理我们的经验，守护、完善我们的制度，恪守、坚持我们的目标，均构成了中国经济学者义不容辞的责任与担当。

然而，经济系统纷繁复杂、新生现象如火如荼、现实问题无限细分，利益主体盘根错节，我们既无心更无力全面而深入地分析中国经济所面临的每一个问题。但是，我们深信躬身学习是崛起之道、强壮自身是发展之本。因此，我们选择了美国贸易竞争力、新政治经济学、品牌经济学、中国宏观金融风险、企业出口市场选择、人民币汇率、税收以及收入分配制度改革、"三农"问题等专题，出版了这套《中国经济治略丛书》，希望既能探寻学术研究的科学之道，又能落脚经济学的基本原则——经世济民，竭力让学术探索回归其普惠大众的终极功能。我们试图剖析、破解约束中国经济发展的上述一系列难题，为实现中华民族的振兴之梦贡献自己的绵薄之力。

诚然，囿于时间、知识以及能力，错误与不足之处在所难免，恳请各位前辈后学不吝赐教，以期抛砖引玉，激发对中国经济问题的更多分析或关注。最后，我们感谢所有参与丛书编写工作的专家学者，感谢经济科学出版社总编辑吕萍女士以及其出色的工作团队。

李长英

2016 年仲秋

目　　录

第1章

引　言

1.1　问　题　提　出

改革开放以后，安徽小岗村的改革经验得以在全国范围内推广，以家庭联产承包责任为主要内容的农村改革极大地激发了农民的生产积极性，中国的农业生产连年实现丰收，老百姓的温饱问题也得以解决，中国也由此创造了令世人瞩目的用世界上7%的土地养活世界上22%人口的奇迹。家庭联产承包经营责任制改革是在特定社会经济条件下的历史选择，它实质上打破了人民公社体制下土地集体所有集体经营的模式，实现了土地所有权与运营权的分离，对推动农业生产快速发展，加快农村地区生产力水平提升，改善农业生产和农民生活，具有极其重要的意义，因此也被称为中国农村改革与发展的"第一次飞跃"。[①]

从20世纪90年代中后期开始，家庭联产承包责任制改革的红利逐渐消退，连年的丰收也给农产品的销售带来一些困难，农民卖粮难的现象时有发生，农民收入的增长幅度有所减缓。与此同时，由于县乡财政体制的不完善，乡镇财政过多依赖向农民征收的费用，在正常的"三提五统"无法满足乡村两级经费需求时，各种名目的预算外摊派、集资、收费等开始涌现，农民负担十分沉重，以致出现"农民真苦、农村真穷、农

[①]　邓小平同志于1990年3月3日在《国际形势和经济问题》中说："中国社会主义农业的改革和发展，从长远的观点看，要有两个飞跃。第一个飞跃，是废除人民公社，实行家庭联产承包为主的责任制。这是一个很大的前进，要坚持长期不变。第二个飞跃，是适应科学种田和生产社会化的需要，发展适度规模经营，发展集体经济。这又是一个很大的前进，当然这是很长的过程"。

业真危险"① 的局面，由此"三农问题"开始逐渐显现，并成为社会各界关注的热点话题。尽管中央政府连续出台数十份有关"减负"的文件，但农民负担沉重的现象依然存在。从 2000 年开始，为减轻农民负担，规范农村分配秩序，根据中央部署，安徽全省率先进行农村税费改革试点，并逐渐推广到全国。此次改革的主要内容是"三取消、两调整、一改革"，即取消乡统筹、农村教育集资等专门面向农民征收的行政事业性收费和政府性基金，取消屠宰税，取消统一规定的劳动积累工和义务工，调整农业税和农业特产税政策，改革村提留征收使用办法。随后改革的步伐逐渐加速，2003 年 3 月 27 日，《国务院关于全面推进农村税费改革试点工作的意见》指出，各地区应结合实际，逐步缩小农业特产税征收范围，降低税率，为最终取消这一税种创造条件。2004 年 3 月，温家宝总理在《政府工作报告》中宣布从当年开始逐步降低农业税税率，并提出 5 年内全部取消农业税的目标。到 2005 年 12 月 29 日，全国人大常委会第 19 次会议决定，自 2006 年 1 月 1 日起国家不再针对农业单独征税，原定五年内取消农业税的设想提前实现。亨廷顿（1989）在分析世界范围内众多的"革命"现象时指出，"农村主导集团所起的作用实系决定政府稳定或脆弱的关键因素"，"得农村者得天下"②。自 2000 年开始的农村税费改革，不仅仅是减负改革，更重要的意义在于是按照市场经济要求，规范国家、集体和农民之间的分配关系，是新中国成立以来农村继土地改革、实行家庭承包经营之后的又一重大改革。

　　2006 年之后，中国农村改革进入综合改革阶段。农村综合改革不仅涉及经济领域，而且还涉及政治、社会、文化等多领域，是一次重大的制度创新和社会变革。在农村综合改革的思想指导下，农村的义务教育、医疗卫生、基础设施、社会保障等多领域都进行了较大的改革，城乡基本公共服务均等化的进程不断加快，农村的生产生活条件得到进一步改善。但同时也要看到，农业生产中的风险程度不断加剧，以家庭联产承包为主要特点的农户分散生产的弊端也在日益显现，小农户与大市场的矛盾永远是一个焦点，再加之一些投机资本的炒作，农业生产领域不时会出现较大的风险和波动。近年来，"蒜你狠""豆你玩""苹什么""姜你军"等网络热

---

　　① 2000 年 3 月，中国民间"三农"问题研究者、湖北省监利县棋盘乡前党委书记李昌平上书朱镕基总理，反映当地"三农"面临的问题，提到"农民真苦，农村真穷，农业真危险"，引起中央对"三农"问题的关注。
　　② P. 亨廷顿：《变化社会中的政治秩序》，三联书店 1989 年版，第 267～268 页。

词不断出现在各种媒体上，刺激着人们的神经，但转年之后，这些之前价格高企的农产品又往往会变成卖难的对象，反复如此。而实际上，直接从事这些基本农产品种植的农民，并没有从价格上涨中获得较大收益，反而在价格下跌时，变成风险的主要承担者。究其原因，与分散生产模式不无关系。单个农户在生产中往往直接面对风险巨大的市场，一旦出现行情波动，单个农民都无力扭转，价格上涨还好说，一旦价格下跌，只能被动接受。

面对小农户与大市场的矛盾，理论界和实务界都在积极探讨化解之道。既然单个农民能力有限，无力对抗大市场的风险，那么通过某种方式联合起来，共同面对市场风险，就是一条可行的路径。因此，农民专业协会就应运而生，这是农民自发组织的一种形式，把单个农民组织起来，通过协会为农民提供生产、技术、营销方面的信息和服务。但农民专业协会是社团法人，不是经济实体，并且组织松散，在实际经营中，受限颇多，难以完全满足农民的需求。与协会相比，农民专业合作社是一个独立的经济法人，更好地适应了当前农村发展实际，可以很好地解决单个农民做不了或者做不好的事情。2006 年 10 月，《中华人民共和国农民专业合作社法》颁布后，农民专业合作社发展的环境得到极大改善，合作社的发展进程大大加快。根据国家工商总局的统计数据，截至 2015 年 12 月底，全国登记注册的农民专业合作社共 153.1 万个，入社的农户有 10090 多万，约占全国农户总数的 42%，整个"十二五"期间，我国的合作社数量整体增长了近 3 倍，农户的入社率提高约 31%。

作为一个新型的农民合作经济组织，农民专业合作社很好地解决了家庭经营与市场波动之间的矛盾，通过合作实现了 $1 + 1 > 1$。从经济学上看，理性的经济主体往往会因信息不对称而难以合作，"囚徒困境"的结局往往难以避免。但中国农民专业合作社的发展实践表明，农民之间的合作进展比较顺利。因此，对于一个独立理性的农业生产者来说，他们为什么可以合作？如何合作？如何保障合作进行？合作效果如何？现状怎样？等等，都是本研究所关注的内容。

本研究具有一定的理论意义和应用价值。一方面，本研究可以从理论上对农民的合作机制进行解释，从而可以发现影响经济主体合作的因素和环节；另一方面，本研究对中国农民专业合作社的实证分析，可以很好地评估合作社的积极效应，发现合作社运行中存在的问题和不足，从而为促进农民专业合作社健康有序发展提供借鉴意义。

1.2 主要概念界定

1.2.1 合作社

合作社对于很多中国农民是一个既新鲜又模糊的事物。在许多农民眼中，合作社就是过去的互助组、初级社、高级社和人民公社等农村集体经济组织，还包括供销合作社和信用合作社。他们没有意识到，这些由政府意愿主导的组织并不是真正意义上的农民合作经济组织，而是作为计划经济体制下为实现经济管理的制度安排。

国际合作社联盟对合作社的定义是人们自愿联合、通过共同所有和民主控制的组织，来满足社员经济、社会和文化方面的共同需求和渴望的自治组织。

国际合作运动中有不同的合作学派，不同的理论观点，所遵循的基本原则也有所差别。但当前大多数的合作经济组织及合作学者们仍信奉传统原则，即在1860年罗虚代尔公平先锋社提出的"行为规则与组织要点"12条原则的基础上，1966年国际合作社联盟提出的6项原则，即入社自由、民主管理、资本报酬适度、盈余返回、合作社的教育、合作社之间应加强合作。这些原则得到国际社会的普遍认可。1995年，国际合作社联盟在曼彻斯特大会上，经过修改后确定合作社的7项原则，即自愿开放的会员资格，成员民主管理，成员经济参与，独立性与自主性，教育、培训与信息，合作社之间的合作，关注社会。

1.2.2 农民专业合作社

本研究所称的"农民专业合作社"，是在农村家庭承包经营基础上，同类农产品的生产经营者或者同类农业生产经营服务的提供者、利用者，自愿联合、民主管理的互助性经济组织。

从农民专业合作社的定义中可以看出，它具有以下几个特点：（1）农民专业合作社不改变农村家庭承包经营制度。人多地少、农村人口占多数是我国的基本国情。实行农户家庭承包经营，保障农户有一份承包地，是农民最重要的生产资料和最基本的生活保障。实行家庭承包经营，符合农业生产的自然性、季节性、区域性的特征，也能够有效地承接现代农业技术和现代农业生产经营方式。从世界各国农业发展的实践来看，家庭经营仍是发达国家农业最基本的经营形式。因此，家庭承包经营不仅适应传统农业的发展，也适应现代农业的发展。所以，我国在《宪法》《农村土地承包法》《物权法》等多部法律中都明确规定，必须稳定农村基本经营制度。(2) 农民专业合作社是专业的经济组织。近年来，我国各类农民合作经济组织发展很快，并呈现出多样性，如农民专业技术协会、农产品合作社、农产品行业协会等，这些组织在提高农业生产的组织化程度、推进农业产业化经营和增加农民收入等方面发挥了积极的作用。农民专业合作社以同类农产品的生产或者同类农业生产经营服务为纽带，来实现成员共同的经济目的，其经营服务的内容具有很强的专业性。(3) 农民专业合作社是自愿和民主的经济组织。任何单位和个人不得违背农民意愿，强迫他们成立或参加农民专业合作社；同时，农民专业合作社的各位成员在组织内部地位平等，并实行民主管理，在运行过程中应当始终体现"民办、民有、民管、民受益"的精神。(4) 农民专业合作社是具有互助性质的经济组织。农民专业合作社是以成员自我服务为目的而成立的，参加农民专业合作社的成员，都是从事同类农产品生产、经营或提供同类服务的农业生产经营者，目的是通过合作互助提高规模效益，完成单个农民办不了、办不好、办了不合算的事。这种互助性特点，决定了它以成员为主要服务对象，决定了"对成员服务不以营利为目的"的经营原则，但是对外，可以以合作社的名义获取相关的利润。

由上述定义可以看出，农民合作社是农民自治的合作经济组织，它按照民主自治原则组织起来。它不附属于任何官方半官方组织，是农民自己的合作社。政府部门和其他各类社会组织可以而且应该通过各种方式支持并帮助合作社，但不能成为它的社员。这是由合作社的性质决定的，即弱势农民的经济问题最终还是要由农民自己去解决，政府和各类社会组织有帮助弱势农民的义务，但不能取而代之。当然，也不允许地方政府部门和各类社会组织利用合作社谋利。

在日常生活中，我们需要对与合作社相关的概念进行明确界定。

其一，农民专业合作社不同于集体经济组织，集体经济组织要求有统一明确的产权，往往要求生产者与经营者分离，合作社的所有产权（包括由社员的会费、股份，接受的馈赠，以及公共积累形成的所有产权）由社员共享，同时，每个社员在合作社中的个人产权边界独立清晰。但每个农户社员都是独立的生产者和经营者，社员的个人产权独立于合作社之外。

其二，合作社不同于股份制。合作制与股份制是一对孪生子，即在相同的社会经济条件下产生，同时在相同的社会经济制度中共存和获得发展。从形式上看，他们都采取入股的方式筹集资金，经营管理决策都由"集体"制定，成果分配则采用分红的方式，等等。但是，二者在组织原则和体现的经济关系上，却存在着本质的区别。具体来说，（1）联合的主体不同。合作制是劳动者的联合，讲究的是人之间的合作。虽然它也采取了入股的方式筹集资金，但在合作社的整个工作中资金处于从属的地位，社员才是合作社的中心。股份制则与其相反，它是资本的联合，在企业经营管理中资本处于中心地位，人隶属于资本。（2）经营的目的不同。创办合作社是为了解决社员经济生活中的困难，所以，在整个业务活动中，其始终坚持为社员服务的宗旨，通过服务满足社员的利益追求。而股份公司则是一种盈利性的经济组织，其目的在于运用市场经济中的各种手段，追求利润最大化，与股东之间并没有特定的服务关系。（3）管理的方式不同。合作制注重人的价值，以人与人之间的民主、平等、公平为其价值取向，社员具有平等的权利，不管入股数额大小，合作社均实行一人一票表决权制度。股份制讲的是资本的平等权利，实行按股授权表决制度，这就导致出现了忽视人的价值，大股东凌驾于小股东之上，握有多数股票者控制公司的局面。（4）分配的方式不同。合作制规定的盈余分配，包括三个方面：一是公共积累；二是社员分红；三是由社员决定的其他方面。股份制采取的则是按股分红的办法，即便要留有积累，也应根据原有股份比例划分归属，十分重视和突出资本的中心地位。

1.3 研究方法

1.3.1 文献研究法

由于近年来农民专业合作社方兴未艾，国内也涌现出许多研究合作社问题的成果，本研究在搜集、梳理文献资料的基础上，聚焦于合作机制问题，对合作机制的理论与现实问题进行深入分析。

1.3.2　调查研究法

为解决论文所需材料和数据不足的问题，采取实地调查研究的方法。调研采取合作社负责人调查与社员调查相结合、调查问卷与访谈相结合的方式进行，既能够从负责人处获得合作社基本和整体的信息，又能够从社员处获得对合作社真实、全面的评价，既能够通过规范的问卷得到统一、量化和可供比对的数据，又能够在访谈中深入了解和探究，获得更丰富的信息。

1.3.3　统计计量研究方法

本研究在对合作机制运行的实证分析中，主要采用统计计量的方法，对调查数据进行统计整理和统计描述，对入社的收入效应、影响社员收入差异的因素、社员满意度的影响分析等采用计量的方法，其中既采用了传统的多元线性回归模型，也采用了有序 Probit 模型等。

1.3.4　案例研究的方法

为了增强论证的说服力，本研究广泛采用案例进行辅证。精心挑选的案例或者来自作者的实地调查，或者来自网络整理或其他媒体报道，案例蕴含着丰富的信息，真实性强，具有代表性。

1.4　研　究　结　构

本书共分 7 章。其中，第 1 章为引言，第 2 章为文献综述，第 3 ~ 7 章是本书的主体部分，其中，第 3 章是理论分析，第 4 ~ 6 章为现实分析，在理论分析与实证分析的基础上，第 7 章提出政策建议。具体来说，各章主要内容安排如下。

第1章，引言。介绍本研究的选题背景、主要概念、研究结构和主要观点。

第2章，文献综述。主要包括对治理相关的文献以及合作社相关的文献梳理。本章从国家治理引出，重点对合作治理以及乡村治理的发展脉络进行综述。合作社的相关文献主要涉及合作社的思想变迁、国外合作社的发展经历以及中国合作社的发展等三个方面。

第3章，农民专业合作社合作机制的理论分析。本章是本研究的逻辑起点和理论基础，合作机制主要解决合作为了什么（合作目的）、为什么要合作（合作动力）、为什么可以合作（合作基础）、如何保障合作（合作保障）四个方面的问题。

第4章，中国农民专业合作社发展的历史与现状分析。本章重点分析改革开放以后中国农村地区合作经济组织的变迁历史，根据时间跨度分成四个阶段，每个阶段介绍主要的改革政策及成效。同时本章还对合作社法颁布之后的发展现状进行了分析。

第5章，中国农民专业合作社合作机制运行的实证分析。本章利用实地调研取得的一手材料和数据，对入社的收入效应进行了实证分析，检验了入社农民与非入社农民在收入上的差异。进一步，本章还对入社农民收入差异的影响因素进行了细致分析。最后，本章对合作社社员的满意度进行了分析，剖析了影响入社农民满意度的主要影响因素。

第6章，中国农村专业合作社合作机制存在的问题及原因。本章结合案例对当前合作社合作机制运行中存在的问题进行了深入系统的分析，特别是对合作初衷异化、治理体系不当、合作效果方面进行重点分析，并从农民意识、融资问题、组织建设、规模管控、外部监督、法制建设等几个方面探求了原因。

第7章，政策建议。本章首先引入一个运行良好的合作社案例，从中总结经验与启示，并从意识教育、合作社自身建设以及外部扶持三个方面提出完善合作机制的政策建议。

1.5　主要观点

（1）农民专业合作社实质上是一个"俱乐部"，其向社员提供的产品可以视为一种"俱乐部产品"。农民之所以从分散走向合作，在于通过合作可以解决单个农民干不了或干不好的事情，实现"合作盈余"。其合作的基础一方面在于多年以来农业生产生活所传承下来的"同质性"和熟人社会所产生的信息对称；另一方面也来自于农村精英的大力推动。而科学合理的合作社治理体系，也保证了农民合作的顺利进行，从而促进了合作社的健康发展。

（2）梳理改革开放以来农村合作经济组织的发展变迁历史，可以大致将其分为四个阶段。每个阶段的发展变化也从另一个侧面印证了中国市场化改革的逻辑，即逐步放权，让市场主体更加健全发展。《农民专业合作社法》颁布以后，合作社取得了快速的发展，数量不断增加，种类也不断丰富。

（3）利用实地调查数据进行实证分析发现，入社具有明显的收入增加效应。进一步分析加入合作社社员的收入差异，可以发现不同合作社的发展程度、治理情况、提供服务情况都会显著影响到社员的收入。这一点，也可以从社员的满意度分析中得到印证。

（4）当前合作社的合作机制有许多问题，突出表现在合作初衷变质异化、治理体系不畅、合作效果不佳等方面，究其原因，既有农户层面小农意识重、合作意识不强、资金不足的制约，也有合作社自身建设不健全、规模不当的影响，还有外部监督机制缺失、法制建设不够的因素。

（5）一个运行良好的合作社，离不开农村能人的推动、良好的公共关系、标准化的生产体系、有效的农技推广体系以及规范的制度建设，为此，要完善农民专业合作社的合作机制，应加强宣传教育，增强农民的意识和能力，要加强合作社自身建设，完善政府扶持政策，加强合作社法制建设。

第 2 章

文 献 综 述

2.1 国家治理、合作治理与乡村治理相关研究

2.1.1 国家治理相关理论研究

国家治理涉及政治、经济、文化等方方面面，是一个十分宏大的问题。不同领域的学者展开了丰富多彩的研究。

不同学者对国家治理的具体定义略有不同。但一般来说，国家治理是指国家按照某种既定的秩序和目标，对全社会运行与发展进行自觉的、有计划的组织协调引导规范与控制的活动过程（丁志刚，2014）。怎样最大限度提高国家治理的效率？唐爱军（2015）指出，实现国家治理体系和治理能力现代化必须严格坚持民主化、法治化、文明化以及科学化这四大标准，不管采取怎样的方式进行国家治理，只有遵守四项标准才能够不断提高治理水平。

孙涛（2015）将我国的国家社会治理体制发展分为四个阶段。新中国成立直至 1978 年，我国处于传统一元化管理体制，国家几乎垄断了社会中所有的重要资源，并通过单位体制对个人和社会进行全方位一元管制。这种管理体制使全体社会生活都呈现出政治化趋向，抑制了社会的自我发展与自我管理能力。改革开放后至 1992 年，传统一元化体制在延续，但是呈现着不断解体的趋势，这段时期，国家的建设中心在经济，城乡基层自治刚刚起步力量弱小，社会发展中各项矛盾诸如两极分化、"三农"问

题等也日益突出，因此社会管理体制面临着前所未有的挑战。1992～2002年，社会主义市场经济体制的确立使得社会政治体制改革也加快了进程。农村村民自治走向完善，城市大规模社区建设开始启动。2002年至今是现代社会管理体制的自觉构建阶段。2007年党的十七大把社会建设、经济建设、政治建设以及文化建设并列提出，表明要实现社会建设与社会管理的同步发展。中共十八届三中全会提出创新社会治理体制，转变社会治理方式，这一从"社会管理"到"社会治理"的转变，反映了党领导下的多方参与、共同治理的理念，显示出我国的治理模式正在发生深刻变革。

2.1.2 合作治理理念与模式

合作治理是国家治理理论的重要组成部分，合作治理在当今国家社会经济发展中的必要性与重要性也得到了多方学者的研究和肯定。

从经济学角度看，合作的思想自古就有。亚当·斯密（1776）在《国富论》中描述了合作或者协同，但是他将这种合作看作一种交易，并认为这是分工的原因。穆勒在《政治经济学原理》中，对人类的经济合作进行了一定的阐述，但是他依然举着自由竞争体系的大旗。马歇尔在《经济学原理》中提到了人类经济行为存在的"合作性"，但是仅仅是在绪论中涉及，在其后的正文中仍然是以自由竞争为主要内容。道斯（R. M. Dawes, 1988）在实验室中用实验的方法（最后通牒实验、公共物品实验等）研究中也发现了已有的经济学理论体系无法解释的现象，并且与以竞争为基础的自利模型的结论相反。厄恩斯特（Ernst, 1999）指出，古往今来，现实中都存在着许多难以用简单自利模型解释的高程度合作行为，比如投票以及集体参与抗议行为等。黄少安（2000）指出，经济学对于人类活动中的"竞争"已经有了十分充分的研究，但是对于合作的解释远远不够，经济学始终未将合作经济研究提高至如竞争经济一样形成体系的程度。黄少安由此提出了合作经济学理论体系。李保明（2001）也指出，竞争与合作本身是人类经济活动的重要两个方面，合作经济学能够很好地弥补传统经济学忽略经济学人之间关系研究的这一缺陷，可以很好地研究经济人之间竞争与合作的关系，并由此探讨其对经济效率的影响。而在实现资源配置上，到底是选择竞争还是合作，这需要视具体情况而定，而不能一概而论，应考虑到收益成本、信息以及政府的行为等（杨立岩，2001）。

吴峰刚（2007）指出，合作经济学在中国的发展更像是一种东方经济学，与中国的国情不可分割，对发展中国社会主义市场经济以及构建社会主义和谐社会都有着重要的指导意义。黄少安、韦倩（2011）给出了合作经济学理论体系的基本内容——合作的发生论、合作的制度论与组织论、影响合作的因素、分配理论、经济增长理论，他们对传统经济学的人性假设作了一些修正，试图突破个人主义、功利主义以及自由主义三大经济学传统。

当然，目前有关合作治理的研究重镇还是集中在公共管理领域。奥丽瑞等（O'Leary et al.，2006）认为，合作治理实际上是一种手段，它控制着影响私人部门以及公共部门和公民团体进行联合决策以及相关行为过程。安塞尔等（Ansell et al.，2008）基于127个合作治理的案例研究，将合作治理看作一种在一个或多个公共部门和非政府公共部门之间商讨，并在基于一定参与共识的基础上，来制定相关公共政策以及管理公共事务以及公共资产的治理安排。在对合作治理的理解上，虽然各个学者的见解有所不同，但共同之处仍然显而易见。合作治理的特征在于多个公共部门的存在以及不同机构的自愿参与和互惠互利。这些都与安塞尔的理念相似，都是在一定的共同利益的引导下多方商讨来解决相关难题的制度或者手段。

合作治理这一模式的整体发展，是与后工业时代进程相适应的（张康之，2006）。张康之对合作治理模式的发展历史进程进行了梳理和研究，他认为合作治理打破了政府对社会治理的垄断，实现了多元治理主体通力合作的新型社会治理。这种模式的发展与合作型的信任密不可分。在整个社会发展进程中，合作型的信任关系与合作治理模式是一起不断成长起来的。不仅如此，张康之（2008）认为，合作治理从根本上排除了任何以集权政府为中心的可行性，这表明，合作治理理论实际上是把社会自我治理放置于与政府部门进行平等合作的基点上来加以考察。这种治理模式在行为上已经不仅仅是政府过程的公众参与，而是以更为平等的主体来自愿参与的行为。合作治理是目前符合时代发展的模式，应该也正在成为主流的模式。

关于合作治理的必要性，在后工业时代的进程中，很多学者发现了纯粹依靠政府权利不能够完全协调社会关系，逐渐提出合作是必要的。他们从公共利益的角度进行了研究，大多倾向于认为有效的公众参与是保证公共利益的实现的途径，这样就能够不断建立起政府与社会中存在的自治力量之间互相合作的关系体系（登哈特，2004）。张康之（2006）从哲学的角度提出，合作治理的道理是人类理性实践发展的必然结果，人类实践理性的发展程度使得人思考，应当在冲突中求生存还是通过合作而谋求共生？人类逐渐会将社会历史前进的方向校正到互相合作的行为模式中。

合作治理的可能性，一方面来自民间社会团体的日益壮大。合作治理机制得以发展运行离不开治理主体自身的发展。在美国，公民通过联合结社来解决问题一起行动的历史很早就已经产生。他们共同组织社团，将自己融入一个大的集体中，这个群体的力量远大于个人（托克维尔，1995）。俞可平（1999）明确指出，20世纪90年代以来，善治的理论与实践产生发展的重要原因之一就是市民社会或者民间社会的日益壮大。王辉（2014）在认同俞可平见解的基础上还表明，充分引入具有公益性以及非营利性的民间性组织来参与公共事务治理，是解决如今西方政府不可治理性问题的必要方式。在面临着市场失灵以及国家失灵时，这些发展成熟的市民社会便可以充分发挥自己的作用，与政府或者市场合作，共同参与公共治理，成为合作治理的主体。

另一方面，多元社会的发展也为合作治理提供了可能。库珀（Cooper，2008）认为，当今社会日益复杂，社会团体增加并且互相的利益、价值与目标都不尽相同，走向多元化方向，这催促着合作治理的发展来缓和不同群体的利益等冲突。正是由于存在的这种复杂性、不确定性，以及风险性，没有任何一个组织能够仅仅凭借一己之力解决所有难题，相互合作才能实现共同利益（王辉，2014）。侯琦、魏子扬（2012）指出，人类社会管理的目标具有综合性，实现秩序、民主、公平等多价值取向。他们认为，在如今的处于转型时期的中国，采取合作治理的社会管理方式才是社会管理模式变革的方向。这样才能够使得政府和社会组织在公共产品以及公共服务的选择过程中互相合作，进而充分发挥双方各自独特的优势。如今，社会分权日益明显，多样化趋势逐渐加强，各方团体组织对外部环境的依赖性越来越强，并且大多时候需要各个组织间的互相协调（陈剩勇等，2012）。事实上，在20世纪后期社会生活多个方面呈现的多元化的趋势，治理方式多元化、治理主体多元化的出现，都表明一个多元因素共存的社会逐渐显露。

2.1.3 合作治理理念与模式

国家治理目前在转型期，从国家层面来看是从全能主义国家到发展型国家的转变（陈春常，2011）。而国家治理在农村的体现，则在于由"间接治理"到"直接治理"的特点（韩鹏云，2012）。

乡村治理真正作为一个理念是在 20 世纪 90 年代末，从开始被国内学者使用进而逐渐流行起来。乡村治理研究的主要内容是理解探讨怎样维系乡村良好秩序，怎样促进乡村社会发展，并以此为导向的多学科综合研究（贺雪峰，2007）。

从改革开放、实行家庭联产承包责任制以来，我国农村的面貌发生了翻天覆地的变化，农村税费改革后农业税被取消，极大促进了农村经济的发展和农民生活水平的提高。但是，在这些繁荣背面，仍然存在着急需解决的危机。农业税费改革之后，农民负担减轻，但是县乡政府财力大受影响，尽管国家给予多种形式的转移支付，但难以有效弥补公共服务事权下放所带来的压力，农村地区公共服务的供给面临较大困境（樊丽明等，2012）。国家治理方式不断发展，农村的"直接治理"在后税费时代也遭遇着很大的挑战，有学者将其概括为"乡村的治理性危机"（赵晓峰，2009）。尽管一些困扰乡村的焦点性问题已经较好解决，但因结构性的体制问题等却日益加剧，导致在 20 世纪 90 年代中期后就出现的"治理危机"更加严重（肖唐镖，2014）。

在我国由计划经济向社会主义市场经济转型的过程中，已经有不少农村民间组织产生发展，他们在乡村治理中发挥着重要的作用，逐渐成为乡村治理的重要主体（郭彩云，2012）。这些农村组织的发展壮大基于一定的社会背景，马强（2006）认为，农村制度几十年的变迁是农村民间组织的产生发展的重要原因，其中农村独特的历史文化又为其提供了资源，农民的制度理性是其建立组织的主观动力。林忠生、杨清（2007）则指出，国家的各项惠农政策是农村民间组织形成的重要契机，而愈加激烈的市场经济竞争是农村民间组织日益壮大的催化，农民只有联合起来才能够更好地维护自身利益。

农村组织的发展与乡村治理之间的关系密不可分。他们不仅仅有着公共娱乐的特征，还很大程度上有利于农村治理（修建峰，2006）。丁艳华、万江红（2008）基于农村民间组织发展与农村和谐社会构建之间的关系，分析了乡村民间组织在中国农村和谐社会建设中的功能。

学界对于乡村治理以及农村组织的发展都分别有较多的研究，但对于将二者结合起来，并将农村组织的发展运用于合作治理还不够充分。因此笔者将在其后的章节对其进行重点研究。

2.2 农民专业合作社相关研究

2.2.1 合作社的思想变迁

传统意义上的合作历史悠久。而对于在市场作为一种特殊经济组织现象以及合作的形式，合作经济实在近代社会中才得以产生。

19世纪初，圣西门、傅立叶等代表的空想社会主义是合作经济思想的起源。他们批判资本主义的罪恶，认为合作社是改造资本主义的有效良方，反对阶级斗争，反对暴力革命。之后的30~40年代，在欧洲兴办合作社成为一种普遍社会现象。而罗虚代尔公平先锋社是在空想社会主义失败后的又一次尝试，是成功的合作社之一，此时的罗虚代尔先锋社已经包含了较为体系的合作社管理，制定了一定的入社原则等。直至19世纪80年代，马克思恩格斯提出了自己的合作经济理论，否定了空想社会主义提出的合作经济思想，指出了它们的局限性，认为合作社只是一个不断走向共产主义的中间环节，生产合作社对于从资本主义向社会主义过渡具有重要的意义。列宁继承发展了马克思恩格斯的理论思想，他认为合作企业实际上是集体企业，与社会主义企业并无区别。列宁站在工人阶级的立场表明，合作社如果占用属于国家的生产资料，那么就是属于广大工人阶级的。斯大林采取了集体农庄制度，继承了列宁提出的合作制度，但是他采取高度集中的计划经济，产生了较大的负面效果。毛泽东的合作社思想也给了我国合作社建设产生了影响。毛泽东早期强调建设好消费、流通以及信用合作社，到根据地时期强调生产互助合作和供销合作的发展，再到新中国成立后认为需要从互助向高级社的过渡，1958年以后又发起建设"一大二公"的人民公社。虽然并非每一思想都符合社会实际，但是其总体还是与马克思主义的合作思想一脉相承。总体特点在于将合作社看作引导我国小农私有制转向集体所有制，进而过渡到共产主义的桥梁。

卫丁（2009）对我国合作经济思想的发展进行了比较完整的梳理和分析。他认为，在中国这样的农业国家只有农民合作起来，才能适应农业技术进步的要求。中国的合作主义理论起源于中华民国初期的"五四运动"时期，这个时期中国的各派思想光彩夺目、互相激荡，开启了一种思想解放的潮流，成为中国思想发展史上光辉夺目的时代。张士杰（2013）对中华民国初期合作主义者的合作思想进行了研究，他指出，起初一些合作主义者和西方国家一样试图采取思想启蒙的方式，不断宣扬进而唤起社会民众接受合作主义这一理念，但这无法与中国当时正处的严峻的社会政治经济环境相适应。因此，有识之士不得不探索出另外的可行方向。他们最终放弃了在当时的中国建立起合作制社会主义社会的理想，而是提出新的主张——建立合作社，将其作为挽救中国时代社会经济危机的有力工具，更加关注农民问题。孙中山、薛仙舟主张率先发展起消费合作社，而梁漱溟则认为应先发展生产合作社。薛仙舟在《中国合作化方案》中，阐明了和孙中山一致的观点，所建立的合作社一定是扶贫济困的社会改良手段，而非单纯经济组织。梁漱溟的《中国合作运动之路向》从文化的角度认识我国的农村和农民，认为农民必须利用合作团体以更好地利用外部的技术来改变缺乏组织性和合作的现状。也正是由此，早期的这些合作主义者传播的合作主义思想，成为后来中国农村开展合作运动的理论渊源和理论指导。温晓平（2015）对中国合作思想的整体梳理，重点强调了近代西方的合作经济思想是怎样在中国进行传播并逐渐"本土化"，并越来越具有中国特色。

2.2.2 合作社的国际经验

不同的国家都有农业的合作形式，具体方式略有不同但内在机制相差不大，也给我国合作社发展的提供了借鉴和参考。

汪东梅（2001）对日本、美国以及德国的农业合作社进行了比较，从三国农业合作社的基本规定入手，研究了三者不同的合作社类型、基本组织机构以及其业务主要内容和成功的经验，作者发现日、德、美的农业组织群众性依次加强，而政府的作用呈现减弱层次。坚持民主自治原则，发现合适领域、政府加大鼓励支持是三国农业合作社得以发展的重要原因。

傅晨（2004）研究了世界合作社制度的变迁，在过去 30 年里的产生的新一代合作社获得了很大发展。他指出，农业一直是合作经济领域内最活跃的一部分。这种新一代合作社实行封闭会员制，并且主要是进行农产品集中加工。新一代合作社是当代合作社制度的重大创新，拥有和传统合作社诸多不同的特色，能够更好地实现农产品的价值增值。

苑鹏（2004）在研究了加拿大的农业合作社发展状况后认为，加拿大已经在新农业时代的基础上催生出了新的农业生产合作社，这种新型合作社更加注重限制社员规模、加入契约限定、根据交易额缴纳入社股金，在如此有限责任公司的倾向下同时坚持本质为社员服务，从而实现投资者和合作社业务利用者相统一。作者认为，未来合作社的发展道路是开放式集约化、企业化。

杨传喜和张俊飚（2009）选取了具有代表性的美国、法国、日本和我国台湾地区的农业合作社，作者指出，美国的农业合作社完全由农民自发组织的，采取分散经营与集中销售市场化运作相结合的方式，为中小生产者的利益增加了保障。而日本的农协是在政府的组织领导下，形成了全国性的组织体系，具有经济与政治的双重职能，保障了农民的收益。而法国的合作社也发展已久，几乎包括了所有农户的合作社专业性强，并有国家税收支持，有着市场化购销体系。中国台湾的农会是其农业发展的引导者，分为了镇、县、省三个层级，为农业经济发展以及农民利益保护发挥巨大作用。

2.2.3 中国合作社的发展现状及建议

我国农村在 1978 年进行了以家庭联产承包责任制为核心的改革，重构了我国农业组织的微观基础，解放了农村的生产力。但是，此时的农产品流通并未完全放开，农民对于自身合作的加强意识并未提高。在 20 世纪 80 年代，对合作社建设的研究大多限于介绍层面。陆文强（1988）对合作社在农村的发展进行了回顾，认为需要恢复合作社的本质并充分发挥其作用。

20 世纪 90 年代后，农村家庭联产承包责任制存在的缺陷逐渐受到关注：个体农户的经营规模过小，生产分散，难以取得规模化效益。因此，越来越多的人主张要求加强农民组织建设。苑鹏（2001）对改革开放后的农村合作组织的案例进行分析，认为我国的农村合作组织主要分为自办、官办和官民结合的方式。而不管是哪一种，其内在都顺应了市场经济的发展，使得农村市场化进程中分散弱势的小农希望联合起来降低成本、规避风险维护自身利益的需求得以满足。

进入21世纪后，一些学者对农民的合作意愿进行了调查。孙亚范（2003）以2002年1～3月对江苏农村412户农户的实地调查资料为基础，研究发现农户在生产中面临着缺乏资金技术以及市场信息等困难，因此大多数（83.9%）农户表明十分需要有专业提供集约化社会化服务的组织。除此之外，调查表明71.4%的农户有明确的合作意识和诉求，但是现行情况下只有7.3%的农户有真正的合作行为。目前我国的农业组织化程度还较低，但是市场环境以及不断出现的新型专业化合作经济组织刺激了农民的合作意愿，未来合作化的发展趋势较好。另外，由于我国农户自身素质和传统体制的影响，我国农村新型合作组织的创新成本高，这就需要政府的主动推进和农民的自主创造相结合。郭红东等（2005）对694个农户进行了问卷分析，也对农民参与专业经济合作组织的意愿和行为进行了分析，研究结果表明：虽然目前广大农户对合作社的认知程度还并不高，并且已经参与合作经济组织的情况也较少，但合作意愿和需求是强烈的，因此这就需要政府的支持。采取实地调研的方法取得真实有效的数据，研究相似的问题，都表明了在如今农民的合作需求是不断增加的，这种意愿推动着农村专业合作社的建立。

在这样的背景下，国家将农民合作经济组织的立法工作提上议事日程，2006年《中华人民共和国农民专业合作社法》正式颁布，明确规定合作社是"同类农产品的生产经营者或者同类农业生产经营服务的提供者、利用者，自愿联合、民主管理的互助性经济组织"，强调了合作社固有的互助性，是自愿组成并互惠的经济组织。从此我国农村的经济合作组织进入一个快速发展时期。

实践证明农民合作社在农业生产组织上是具有效率的。姜明伦（2005）、石绍宾（2014）等认为，个体农户有着规模小、拥有的市场信息少等缺陷，这些短处使得他们在与专业化的企业谈判时处于劣势。因此加强合作、增强讨价还价能力的需求促使农民合作组织的出现。除此之外，希望降低经营风险的意愿也是重要原因：农户加强彼此合作，避免

"发散型蛛网模型"，以便更准确地把握市场信息，降低生产经营风险。黄祖峰等（2007）研究指出，合作社本质上是代替整体的农户进入市场，为个体农户尽可能多地提供信息与技术，并产生规模化与品牌效应。其增强了散户的生产经营安全感，将农户在市场交易中节约的费用转化为内部剩余，从而整体上增加了农业的长期积累以及长期发展能力。蔡立雄（2009）指出，农民加入农业生产合作社不仅仅受成本分摊降低风险等经济效益的推动，还有一些非经济因素促使更多的农户越来越积极加入合作社。个体农户加入合作社组成了一个整体共同进入市场，增强了安全感和归属感。

还有一些学者对合作社进行了深入研究，樊丽明等（2011）首次在理论界提出，合作社实际上是一个俱乐部，合作社向社员提供的产品实际上属于"俱乐部产品"。随后张靖会（2012）则从分摊成本、规模经济、降低风险、增加安全感等几个方面对合作社效率进行了系统分析，研究了同质性与异质性对农业专业合作社的影响，不同的情况下对其合作形式和运转效率有不同的影响。她指出，利益、产出品以及投入品和社员的同质性是合作社形成发展的基础，异质性对合作社的影响则有利有弊：各类委托代理问题以及成本的增加降低了规模效应，但同时促使社员间加强互相学习因而提高了合作社的效率。在同质性基础上异质性的发展也成为不可阻挡的趋势，这就需要合作社根据实情加强联合，实现最大化集体利益。

还有一些学者对不同地区合作社发展的影响因素进行了分析。刘帅、郭焱等（2014）选取了中国的首批农民专业合作社示范社作为数据来源，运动加权最小二乘法对于获得的截面数据进行回归分析，将合作社的资源约束、交易费用以及市场需求量作为合作社的发展影响因素，对全国的农村专业合作社分布情况进行了分析。刘帅等的最终研究结果表明，合作社在发展中不断寻求交易费用最低化，不同地区自身拥有的资源优势和特色产业促进了粮食类以及渔业在不同地区的发展。而市场的需求量是蔬菜水果以及畜牧业的合作社发展的最大影响力量，比如粮食类的示范在粮食的主要产区更为集中，数量更多，一些发展好的蔬菜水果类合作社则多集中于市场需求量大的地区。

随着农民专业合作社的数量不断增加，合作覆盖范围不断扩大，农民合作水平得到显著提升。中国的农民专业合作社已经渐渐从横向合作深化至更高层次的纵向合作，从单一功能拓展至多种功能结合，不断产生新的合作形态，即从传统合作向新型合作不断演变，从各个农户间的单一合作走向社际多方协作（徐旭初，2012）。但是在农业专业合作社蓬勃发展的同时，也存在着一些问题。在社会主义初级阶段的合作社有着异质性和多样性的特点，那么到底应该朝着怎样的方向发展，从而不断规范农业专业合作社是急需考虑的问题（张晓山，2009）。张晓山指出，对于"企业加农户"形式的合作社，龙头企业和农户的关系实际上是对立统一的。对于已成主流的大户领办和控制的合作社，大户的控制决策权受到一定限制，但是总的来看，发展良好的合作社都以门槛较高来排斥小农。尤其近年来，我国合作社发展中出现的所谓"假合作社""翻牌合作社""大农吃小农"等不在预期内的不良现象，也让人不免质疑"合作社原则"到底是什么，到底该怎样贯彻落实（潘劲，2011）。

对于我国合作社的发展方向，很多学者也进行了研究，提出了自己的见解，给予了未来农业合作社发展一定的方向指导。温铁军（2013）指出，现今只有将传统的农业生产合作社向着综合性农民专业合作社转型，才能够使得其真正作为贯彻实施各项财政政策，实现"普惠"的有效载体。不仅如此，合作社要想发挥最大作用，还需要拓宽其业务范围，实现更高层次的多样化，以此最大程度降低交易成本费用。最后，合作社自身要增强实力，吸引更多的成员加入，进而推动中国农村农民组织化程度的不断提高。苑鹏（2013）结合《农民专业合作社法》在实践中暴露出的一些问题和缺陷，强调要完善相关法律，具体应该在立法目的、调整对象以及适用范围、合作社与政府之间关系四个方面都进一步深化思考，不断改革完善。张晓山（2013）则着眼完善政府的扶持政策。他指出，政府要出台实施更及时有力的政策，高效利用资金、加强对最终收益分配的监管，让广大的普通小农户都能在合作中受益。

第 3 章

农民专业合作社合作机制的理论分析

农民专业合作社作为一种合作治理形式，其合作的初衷在于解决单个农民做不了或者做不好的事情，帮助化解小农户与大市场之间的矛盾，从这个角度上说，农民具有合作的内在动力。另外，政府为了鼓励农民合作，也出台相应的激励政策和法律保障，从而为农民专业合作社的发展提供良好的外部条件和环境。为更好揭示农民专业合作社的合作机制，本章尝试从合作目的、合作动力、合作条件与基础以及合作保障体系四个方面进行系统分析。

3.1 合作目的：提供"俱乐部产品"

3.1.1 俱乐部产品

俱乐部产品是公共产品的一种。完全具备非排他性与非竞争性的公共产品被称为"纯公共产品"，但并非所有公共产品都严格具备这两项特征，不完全具备这两项特征的公共产品被称为"准公共产品"，俱乐部产品即其中之一。它介于纯私人产品与纯公共产品之间，受益上排他、消费上部分竞争、具有一定的公共性，成本和收益在有限的成员间分担和分享（布坎南，1965）。

3.1.1.1 排他性

布坎南（1965）在《俱乐部经济理论》指出，俱乐部理论只适用于成员组织或分担协议具有排他的可能性的领域，而非排他性是公共产品供给的一个特征，在某种意义上，俱乐部理论就是最优排他的理论。奥尔森（Olsen 1965）指出，个人对非纯公共产品的大量使用会造成拥挤，降低其他使用者可得的收益或服务质量，因此需要有排他的俱乐部限制成员数量。麦克纳特（McNutt，1999）认为，排他性是用俱乐部理论分析公共产品供给的必不可少的要素；在俱乐部理论中，集体消费有一定的排他原则，如会员费。桑德勒和奇尔哈特（Sandler and Tschirhart，1997）指出，俱乐部产品的供给和使用需要一个能将非成员排除在外的排他性组织（俱乐部），该组织的排他机制监督俱乐部产品的利用状况，对会员收费，禁止非会员使用。

3.1.1.2 部分竞争性

越来越多的使用者分享规模既定的公共产品时，个人从该产品的消费中获得的收益会在达到某一点后下降，这个点被称为拥挤点。俱乐部产品具有消费的部分竞争性，即在达到拥挤点之间，具有非竞争性，超过拥挤点后，具有一定的竞争性。如公共游泳池，少数人使用时一个人的增加不会影响其他使用者的效用；但使用人数达到某一点后，任何新增的使用者都会降低该游泳池原有使用者的效用（布坎南，1965）。如果没有拥挤点，俱乐部规模会无限扩大，无法达到均衡，俱乐部产品也将变为纯公共产品（埃里克森等，1999）。

3.1.2 农民专业合作社提供的产品属性

根据《中华人民共和国农民专业合作社法》的界定，农民专业合作社"是在农村家庭承包经营基础上，同类农产品的生产经营者或者同类农业生产经营服务的提供者、利用者，自愿联合、民主管理的互助性经济组织"，其主要业务是向社员提供"农业生产资料的购买，农产品的销售、加工、运输、贮藏以及与农业生产经营有关的技术、信息等服务"[①]。

从本质上看，合作社提供的服务具有如下经济学特征。

---

① 《中华人民共和国农民专业合作社法》第一章第二条。

3.1.2.1　公共性

随着农业产业化的不断发展，单个农民所面对的市场风险和技术风险越来越大，其在原材料采购和农产品销售市场中的谈判能力有限，极大地影响了农民收入增加，因此，在那些生产相同农产品的地区，越来越多的农民意识到应改变单个谈判的方式，联合起来进行共同的采购、生产和销售，由此，逐渐形成了对于生产资料采购、产品销售以及技术和信息等共同需求，农民专业合作社提供的服务正契合了农民的需求。

3.1.2.2　排他性

合作社提供的不是纯公共品，而是具有一定的排他性，主要表现为价格排他和受益者排他。一方面，农民专业合作社提供的这些产品或服务需要进行成本补偿，一般情况下不可能免费提供，而是需要社员支付一定的价格进行购买，不支付者不能享用这些产品和服务；另一方面，合作社提供的产品（或服务）主要是针对本社社员，由于在技术上区分社员与非社员的成本较低，这些产品（或服务）能以较低的成本将希望免费搭车的非社员排除在外，因此，对本社社员而言，这些"俱乐部产品"是排他的。

3.1.2.3　非竞争性

一旦这些产品（或服务）经由农民专业合作社提供出来，其对内部社员而言就是非竞争的，即每位社员都可以平等地消费这些产品（或服务）。虽然随着社员人数的增加，社员之间的消费可能会存在竞争关系，但由于现实中农民专业合作社的规模往往有限，社员人数一般都保持在拥挤点以下，因此，通常来说，社员对"俱乐部产品"的消费是非竞争的。

笔者认为，农民专业合作社是农民自发组成一种内部成员之间地位平等、具有非竞争性关系的合作组织，是一个"俱乐部"，其向社员提供的服务反映了社员的共同需求，对内具有非竞争性，对外则具有排他性，属于典型的"俱乐部产品"。

3.2　合作动力：合作盈余

从理性角度看，农民之所以放弃传统的单独作业模式，加入农民专业合作社，主要是基于正反两个方面的经验。其一是以家庭联产承包经营责任制为代表的分散生产模式，承包经营责任制客观上激发了农民的生产积极性，但其分散生产的特点确实会产生小农户与大市场之间的矛盾，而这种矛盾又是承包经营责任制自身难以有效解决的。其二是以农民专业合作社为主要特征的合作生产方式，农民专业合作社可以有效解决单个农民干不了或干不好的事情，从而产生单独行动不可能产生的规模经济效应——"合作盈余"，即合作的收益会大于单独行动收益的总和。

3.2.1 分散生产模式的缺陷

1983年1月，中共中央正式颁布《当前农村经济政策的若干问题》，从理论上肯定家庭联产承包责任制"是在党的领导下中国农民的伟大创造，是马克思主义农业合作化理论在我国实践中的新发展"，并要求全面推行家庭承包责任制。

家庭联产承包责任制的实行，发挥了集体的优越性和个人的积极性，既能适应分散经营的小规模经营，也能适应相对集中的适度规模经营，因而促进了劳动生产率的提高以及农村经济的全面发展，提高了广大农民的生活水平，开创了我国农业发展史上的第二个黄金时代。中国农业取得如此大的成绩是与实施家庭联产承包责任制分不开的，其历史功绩也是不容抹杀的。我国农业以占世界7%的耕地养活了占世界22%的人口。农业的发展也为国民经济的发展奠定了坚实的基础。而且，由于利益的内在推动，使家庭承包经营，"不仅适应以手工劳动为主的传统农业，也能适应采用先进科学技术和生产手段的现代农业"，从而推动我国农业的现代化。

但是，随着农村社会经济的不断发展，以家庭联产承包责任制为主要形式的农户分散生产模式越来越表现出不适应的一面，具体来说，主要有以下几个方面。

3.2.1.1 以家庭为单位的分散经营，难以有效抵御市场风险

农业产业具有弱质性，农产品的市场风险具有存在的必然性：从需求的角度来讲，农产品的需求弹性较小，农产品的销量不会因为人们收入的提高而出现相应的提高，一旦社会需求得到满足，农产品就会出现过剩，很容易产生"谷贱伤农"的现象，而且农产品不易长期保存，其价格无法

充分实现，同时，农产品的生产周期长，且具有季节性，其供给的变化远远落后于市场需求的变化，加之我国农产品市场信息不对称，缺乏有效的信息，农民整体素质偏低，对市场的判断能力很弱，导致我国农业蛛网效应明显，因此农业面临的市场风险具有必然性。

在巨大的市场风险面前，以家庭为单位分散生产的农民，往往难以获取准确的市场信息，多数凭主观经验或根据市场风向进行生产，由于农业生产的周期性，等到农民的生产结束，农产品的价格走势也往往走到了低谷。由于一家一户的产量往往较低，在巨大的市场份额中难以产生影响力，只好被动接受市场价格，完全自己承担市场波动的风险。比如，去年白菜的行情好、价格高，今年从事白菜种植的农户就多，而到了收获季节，白菜的价格往往一落千丈，农民的辛劳投入难以换来收入水平的提高。这就是单打独斗式的农业生产与巨大市场风险之间的矛盾。

3.2.1.2　分散经营方式影响了农业的规模经营和规模效益

在市场经济中，生产力的解放和提高，要求必须进行生产要素的有效配置，其中最关键的是生产要素的自由流动。农业要走向市场化，劳动力和土地必须能够流动，在流动中实现最佳组合，在最佳组合中去提高生产力。

1984 年 1 月 1 日，中共中央发出《关于一九八四年农村工作的通知》，强调要继续稳定和完善联产承包责任制，延长土地承包期。规定土地承包期一般应在 15 年以上。

1993 年，一些较早实行家庭承包经营的地方，第一轮土地承包即将到期，为了及时指导，国家提出，在原定的耕地承包期到期之后，再延长 30 年不变，并提倡"增人不增地，减人不减地"。

2003 年 3 月启动的《中华人民共和国农村土地承包法》也重申了"耕地的承包期为三十年"，在此基础上规定"承包合同生效后，发包方不得因承办人或者负责人的变动而变更或者解除，也不得因集体经济组织的分离或者合并而变更或者解除。"（第 24 条）并规定"承包期内，发包方不得收回承包地，不得调整承包地，且不得单方面解除承包合同"（第26、27、35 条）。

通过第一次和第二次土地承包，国家明确了农民对土地的长期使用权，给农业生产吃了一颗定心丸，但同时，这种近似固化的承包制却在一定程度上阻碍了农业生产要素的流动，它固化了一家一户分散生产的模式，土地连片集约经营从而实现规模效益几乎是很困难的事情。

3.2.1.3 分散经营难以保证生产的标准化

随着社会经济的不断进步，消费者对农产品的要求也越来越高。与工业品中的标准化生产类似，人们也希望农业生产中推行标准化的要求。但从现实来看，我国农民户均耕地不足 0.5 公顷，农业生产组织方式大多是一家一户的分散经营，如果不投入大量的人力和财力，农业标准化的知识就无法普及每家每户，即使每家每户都接受了标准化的知识，有关部门也无法统一购买种子、化肥、农药等生产资料，更难以按统一的标准组织生产，控制和把握农业生产过程的主要环节。而从实践来看，受传统观念和急功近利思想的影响，农户生产重视种植轻视管理，重视数量轻视质量的现象十分严重，甚至盲目施用化肥、农药，导致生产过程难以控制，农产品的整齐度、标准化程度很低，农产品安全系数低、品质差，在国际市场上缺乏竞争力，进而影响了农民收入水平的提高。

3.2.1.4 农户分散经营限制了农业现代化生产手段的应用和实行

农业机械化水平是衡量现代农业发展程度的重要标志。现代农业靠科技，而农业机械是推广应用先进农业技术的重要载体。深耕深松、化肥深施、节水灌溉、精量播种、高效收获技术（如割晒、收割、脱粒、烘干等联合作业）等新技术的推广应用，只有以农业机械为载体，通过机械的动力、精确度和速度才能达到。农业机械化推动了农业生产的标准化、规模化、产业化，提高了农产品的竞争力，提高了农业综合生产能力，是促进传统农业向现代农业转变的关键要素。

但现阶段这种一家一户的经营模式却阻碍了农业机械化的实施。一方面在于，现代农业机械一般较大，成本也比较昂贵，购买和使用的费用较高，单个的农户难以承担；另一方面，即使能买得起，在使用时也有难题，现代农业机械的广泛应用和农田水利等基本生产条件的根本改善，都需要土地连片。而承包制为了使承包地分配公平，却把连片的土地按一、二、三等包给不同的农户。一家一户的土地面积较小而且较为分散，在农业机械的使用上非常不方便，导致使用率较低，造成资源的浪费。

3.2.1.5　分散经营弱化了公共工程的建设与维护

与工业相比，农业对外界自然环境的依赖更强。而现阶段由于全球气候的变化，导致局部地区极端性气候的频繁出现，使得农业的生产面临一个更加复杂的环境，在大涝和大旱面前，个人或小集体的力量是非常渺小的，因此需要集体的统一领导、统一规划和统一治理，才能战胜自然灾害，将自然损失降低到最小。但在实行了家庭联产承包责任制后，村民更加关心的是个人自家的田地，而对于修建一些公共水渠和抗旱水坝等水利设施积极性不高，由于这些基础设施的缺乏，结果又加剧了自然灾害的严重性。

由此可见，承包制虽然极大地调动了农民的积极性。但是，在它正效应被充分释放的同时，也表现出极大的负效应。可以肯定地说，这些制度上的缺陷，正在大大地制约着农业和农村经济向纵深发展。为此，必须解决一家一户只种十几亩地的经营格局，改变家家户户兼业化的状态。

3.2.2　合作盈余

由农民专业合作社的规模经济效应所带来的"合作盈余"主要体现在如下五个方面。

3.2.2.1　节约交易成本

农民成立专业合作社既会带来诸如协商成本等成本的增加，也会有采购、销售等交易成本的减少。但总体来看，交易成本的节约大于成本的增加。

农民专业合作社作为一种由农民互助合作性质的经济组织，通过联合生产，规模经营，在农副产品的各个储存、加工、运输、销售（包括批零销售和进出口）以及农用生产资料的订货、运输、购买和质量检查等诸多环节，有效地将分散的资金、劳动力、土地和市场组织起来，根据市场经济利益最大化原则，为农民最大限度地减少中间环节，节约成本，减少浪费，确保农副产品保值增值以及农用产品售后服务和产品质量，解决市场"小农户"和"大市场"的对接和适应问题，达到合作社经营利润最大化的目的，从而从根本上大幅度地增加农民的收入。

比如，农民单家独户购置生产资料，雇佣机械作业，一般都是用现金，按照零售价结算，在价格上要高于批发价 5% ~ 15% 。成立了合作社，由合作社组织联合采购，可以享受批发价，而且能够获得优惠贷款，从而降低各个农户的生产资料费用成本。

3.2.2.2 提高议价能力

农民专业合作社可以解决稳定家庭联产承包责任经营与扩大规模经营的矛盾、农户与龙头企业之间的矛盾，促进农业产业化经营，增强农户和农业的市场竞争能力，逐步提高在市场竞争中的谈判地位。

比如，在没有合作社之前，面对复杂的市场环境，单个农户产品批量小，运销能力弱，缺乏存储能力，往往没有选择权和讨价还价的权利，多数只能在村边、地头销售，在价格上受到层层盘剥。合作社组织联合销售、联合储存、联合运输，降低销售成本，使农户的产品卖上好价格，获得较高收入。

3.2.2.3 推动标准化、品牌化建设

当农民专业合作社的规模达到一定程度之后，它就可以比较容易从事许多外部效应明显的集体活动，比如推动标准化、进行各种农产品的认证或对其注册商标、品牌。这些标准化建设、认证或品牌建设，已经远远超越了单个农户简单组合的"加法效应"，而具有了乘数倍增的效果，即通过认证或注册品牌可以提升农产品的市场谈判能力，提高农产品的价格，从而带来农民收入的增加。

3.2.2.4 解决农业科技推广难题

传统的农业生产，往往基于农民的个人经验积累与当地的传统习惯，农业科技对农业生产的贡献不大。即使个别农民有农业科技的需求，也难以得到满足。在加入合作社以后，通过合作社这个平台，可以有效地进行农业科技的推广。现实中，农民专业合作社的培训，往往结合合作社经营的项目，根据实际生产的需要和农时的特点，通过室内讲授、科学示范与现场指导等方式，传播新技术、新信息、新成果，解决生产经营中的现实问题，有很强的针对性和时效性，容易引起农民浓厚的学习兴趣，既有效地提高农民的生产技能和综合素质，也促进了农业科技新成果的普及、推

广和应用。

3.2.2.5　获得政府扶持

出于保护农民利益的考虑，在农民合作社成立并达到一定规模后，政府往往给予一定的资金或政策扶持。一般而言，合作社规模越大，受益面越广，争取到的扶持金额越多。

3.3　合作基础：同质性与熟人社会

一般而言，产品或物品的有效供给应包含成本节省及供需衔接两个方面的含义。就农民专业合作社对俱乐部物品的供给来说，同质性、信息对称以及内部完善的运行机制，保证了合作社能以较低的价格向社员提供需求的物品，也即实现了对"俱乐部产品"的有效供给。

3.3.1　同质性

麦圭尔（McGuire，1974）和巴格拉斯（Berglas，1976）的研究都指出内部存在异质性的社区不是最有效的，同质性（偏好相同）是俱乐部有效性的重要前提。受自然条件和社会发展等因素的影响，我国农村地区呈现出明显的区域特征。同一区域内的农民一般具有文化相同、血缘相近、思维习惯相似和联系密切等特点，在生产生活方式等诸方面表现出较大的一致性；根据国家的土地政策，农民所拥有的土地面积基本相同，不同农户之间所掌握的物质资本也差异不大，加之基本从事相同或相似的农业生产，可以认为一定区域内中国农民群体具有同质性特征。

同质性使得农民对农业生产环境、生产技术和生产资料的需求更多地表现出一致性特征，原本单个农民需要自行解决的各种生产问题就成为全体农民都需要面对和解决的共同事物。同时，也只有在存在一致性需求的情况下，农民联合起来才能充分发挥规模经济效应，降低交易成本，实现合作盈余的最大化。因此，同质性不仅是农民专业合作社能够成立的前提条件，更是其发挥规模经济效应，有效供给"俱乐部产品"的前提条件。

3.3.2　信息对称

公共品供给的困境之一在于各方之间因信息不对称而引致的道德风险和逆向选择。根据公共品最优供给的萨缪尔森条件，每位居民对公共品的贡献份额应等于其从公共品消费中的边际效用。但现实生活中信息不对称的存在使得公共品供给中的"道德风险"普遍存在，在经济人原则的驱动下，理性的个体往往会降低甚至隐匿自己对公共品的真实偏好，而寄希望于他人能真实表达需求，从而可以"免费搭车"享用公共品带来的效用。但如果这种个体理性推而广之，则往往会造成集体行为的非理性，从而出现因公共品的供给成本得不到完全补偿而没有供给或供给不足的情形。

但从中国目前农村的现实来看，农业生产的同质性可以在很大程度上降低农民之间的信息不对称；而长期的聚居生活模式，又使中国农村具有明显的"熟人社会"特征，村民之间基于长期的共同生活而逐渐积累起相互间的信任，从而也提高了相互之间信息对称的程度。信息对称便于农民对合作社以及农民之间进行直接有效的监督，防止道德风险，减少"免费搭车"，保证了合作的持续性。同时，信息对称也使得农民能真实表达自己的需求，从而可以减少信息的扭曲，保证了最终有效需求汇总的有效性，进而有助于实现农民专业合作社对俱乐部产品的有效供给。同质性不仅是农民专业合作社能够成立的前提条件，更是其发挥规模经济效应，有效供给"俱乐部产品"的前提条件。

3.3.3　精英推动

这里所说的农村精英既包括村干部、农村党员等政治精英，也包括种粮能手、种粮大户、副业能手等。与普通农民相比，他们一般都拥有开阔的视野，具有较高的文化水平和敏锐的经济嗅觉，拥有良好的社会关系网络和社会资本，可以及时跟踪和把握最新的国家政策方针，能够带领农民一起致富。

3.4　合作保障：治理体系科学

笔者（2005）曾对公共品的三种供给机制进行过系统分析，农民专业合作社对"俱乐部产品"的供给机制,既不同于以政府为主体、以一般性公共品为供给对象的政府供给机制(或称公共供给机制),也并非私人供给机制中以市场为主体、以营利为目的的市场供给机制,而在本质上属于具有"自我决策——自我筹资——自我提供"等自治特征的自愿供给机制(见图 3 – 1)。

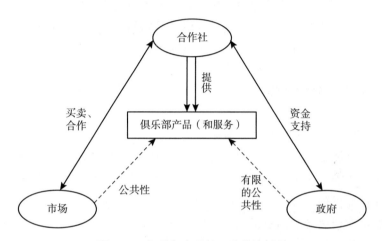

图 3 – 1   俱乐部产品的三种供给机制

注:双实线表示农民专业合作社为生产资料购买、农产品加工销售及农业技术和信息等俱乐部产品(和服务)的主要提供者,虚线表示政府和市场不能有效供给,右侧单实线表示俱乐部可以从政府得到一定的资金支持,左侧单实线表示合作社作为一个经济主体,与市场是买卖和合作(比如以龙头企业带动的农民专业合作社)的关系。

根据笔者(2005)的分析,公共品的供给机制是一个由需求发现、供给决策、服务提供、绩效评价与监督激励以及信息反馈等密切联系、相互呼应的内容组成的有机系统。农民专业合作社合作供给俱乐部产品的优势,主要在于其内部拥有从需求表达到决策、产品(和服务)提供、监督激励和信息传递等各个环节完善的运行机制,可以有效地降低和节约成本,并能实现俱乐部产品的供需均衡,是一个运行有序的治理过程。具体来说,主要表现在以下几个方面。

3.4.1   需求发现

目前,在"自上而下"的中国农村公共品供给体制中,需求表达的扭曲现象十分普遍，从而容易造成真正需要的公共品经常供给不足，这不仅会影响到个体消费者的效用水平，有时甚至还会对整体社会经济的发展产生不利影响。与政府供给体制不同，在农民专业合作社对"俱乐部产品"的供给中，存在自下而上的畅通、简洁的需求表达通道。法定的合作社组织机构不仅保证了农民需求表达通道的畅通，而且"农民—合作社"的两层结构大大简化了需求传递的层次，既保证了成员表达需求的权利，又节约了需求表达成本。而如前所述，农民社员间的同质性与信息对称也保证了需求表达的真实性，从而保证了公共需求发现的及时有效。

3.4.2 民主决策

在中国目前的政府供给机制中，供给决策一般由上级政府做出并层层下达，基层政府往往只能遵照执行。而农民专业合作社供给"俱乐部产品"的决策具有公开民主的特点。其一，成员大会拥有最高决策权力，包括合作社提供俱乐部产品在内的一切有关合作社发展运营的重大事项都必须由成员大会决策，而成员大会又是由全体成员组成，因此，合作社决策具有典型的自我治理的特征。其二，成员大会集需求表达与决策职能于一身，在全程公开且每位成员都参加的成员大会上，只要有超过半数的社员认为需要提供某种公共服务，那么，这种公共需求形成并被确立的同时也就形成供给决策。由于合作社直接面向农民，可以最大限度地减少信息与决策传递中的失真与扭曲，保证农民需求与供给服务之间的均衡。因此，农民专业合作社不仅能收集到真实有效的需求，而且可保证俱乐部产品供给的种类、数量、结构和质量都与农民需求相一致，从而实现俱乐部产品的供需均衡。其三，农民专业合作社是人的联合，其核心是合作社成员地位平等，每一位成员都有权利平等地享有合作社提供的各种服务，每名成员无论出资多少，都各自享有一票的基本表决权，任何人不得限制和剥夺。这不同于企业决策中的资本法则，最大限度地保护了弱势群体利益，最大限度地实现了决策的民主化。

3.4.3 公平提供

与单个理性消费者的决策不同，农民专业合作社在一定程度上可以满足萨缪尔森条件，解决公共品供给的困境。由于不存在信息不对称的情形，可以比较准确地了解每位成员从合作社所提供俱乐部产品中的受益状况，并通过成员大会确定社员所需分摊的成本份额，弥补合作社提供俱乐部产品的成本，且基本实现资金筹集中的纵向公平与横向公平，这不仅保证了农民间合作的可持续性，还同时实现了对俱乐部产品的有效供给。

3.4.4　绩效评价与激励约束

政府供给机制中的激励约束主要来自于上级政府，而较少关注农民的评价。而农民专业合作社在供给"俱乐部产品"中，要接受来自合作社内外绩效评价与激励约束。就合作社内部而言，理性农民对入社与单独行动的经济收益进行直接评价，分析二者差异。如果入社能带来更多收益，农民社员的保留效用较高，他们一般会选择继续留在合作社中，从而对合作社给予正向激励，促进合作社的良性发展。反之，如果入社农民未能得到更多的收益，保留效用较低，则在"入社自愿、退社自由"的原则下，往往选择退社（"用脚投票"）。在合作社外部，非入社农民与政府部门也会给合作社以直接的激励。合作社并不排斥与非社员农民的经济联系，因此，如果非社员农民看到入社收益更高，则会给予合作社正面评价，选择入社，从而扩大合作社成员规模，促进合作社的进一步发展。同时，政府对合作社的激励也会对合作社的发展起到至关重要的作用。对于农民专业合作社提供的信息、培训、农产品质量标准与认证、农业生产基础设施建设、市场营销和技术推广等公共服务，中央和地方财政往往给予资金支持，以及项目、融资和税收优惠政策等方面的支持。总之，来自合作社内外的直接有效绩效评价，往往构成对合作社发展正面或负面的激励约束，从而促使合作社发展与农民利益诉求相一致，保证合作社对俱乐部产品的有效供给。

3.4.5　信息反馈

与政府供给机制因层层汇总、层层传递所带来的信息扭曲与不畅不同，农民专业合作社供给对"俱乐部产品"供给中的信息反馈机制是及时有效的。一方面，在农民合作社内部，由于社员居住相对比较集中，有关公共服务提供的信息传递并不需要十分复杂的技术，通过成员大会或张贴布告等方式，即能以较低成本，迅速实现有关信息在社员与合作社之间的传递；另一方面，合作社章程中都对农民社员关心的"组织机构"和"财务管理"等方面予以明确规定，从而为信息的及时有效传递提供了制度保证。

总之，在当前农业产业化有了一定发展但程度不高的情况下，为解决较小范围内农民对俱乐部产品的需求问题，以自愿方式组织起来，采用农民专业合作社形式进行供给，可以较大程度地克服政府供给机制中因表达不畅、信息扭曲、层级过多、监督不力等所带来的弊端，既能降低俱乐部产品的供给成本，又能较容易地实现俱乐部产品的供需均衡，因而，这是一种有效的俱乐部产品自愿供给机制。

第4章

中国农民专业合作社发展的
历史与现状分析

改革开放以来，农村合作经济组织的演变也在某种程度上代表了中国农村改革的基本逻辑。改革之初最基本的问题是如何调动农民的生产积极性，家庭联产承包责任制很好地解决了这一问题；当承包责任制的红利逐渐释放殆尽后，中国农村又遇到了农民收入增长缓慢的"瓶颈"，这时如何发挥合作组织的作用，就成为当前"三农"改革的重要内容之一。

4.1　改革开放以来农村合作组织的发展历程

从时间演变上看，改革开放以来我国农村合作组织的发展大体经历了如下几个阶段。

4.1.1　家庭联产承包责任制的确立（1978~1983）

这一时期的主要任务是尽快调动农民的生产积极性，对于农民合作组织的发展问题，基本没有进入政策出发点。

十一届三中全会的召开，拉开了中国历史的新篇章。会上，党中央讨论通过了《中国中央关于加快农业发展若干问题的决定（草案）》，并决定必须将全党的主要精力集中起来搞农业生产建设。提出了要"可以包工到作业组、联系产量计算劳动报酬"。但是由于当时还没有完全摆脱过去的"左"倾错误影响，草案中仍对"不许分田单干，不许包产到户"作了明确的规定。

1979 年 9 月 28 日党的十一届四中全会通过了《中共中央关于加快农业发展若干问题的决定》，党中央对新中国成立以来农业发展的经验和教训进行了深刻的总结，特别是对 1958 年以来激进冒进的"左"倾错误进行了批评和纠正，并提出了一系列促进新时期我国农业生产发展现代化、集体化、机械化的政策措施，将中共十一届三中全会上"不许包产到户"的说法改成了"不要包产到户"，明确了"社队的多种经营是社会主义经济，社员自留地、自留畜、家庭副业和农村集市贸易是社会主义经济的附属和补充，绝不允许把它们当作资本主义经济来批判和取缔。按劳分配、多劳多得是社会主义的分配原则，绝不允许把它当作资本主义原则来反对。"但同时也指出要继续坚持人民公社制度，认为"三级所有、队为基础的制度适合于我国目前农业生产力的发展水平，绝不允许任意改变，搞所谓'穷过渡'"。①

1980 年 9 月，中共中央将之前召开的省、市、自治区党委第一书记座谈会纪要，以《关于进一步加强和完善农业生产责任制的几个问题》的形式印发，进一步明确了农业改革的方向。文件总结了实际中存在的两类形式的生产责任制：一类是小段包工，定额计酬；另一类是包工包产，联产计酬。"我国地区辽阔，经济落后，发展又很不平衡，加上农业生产不同于工业生产，一般是手工操作为主，劳动分散，生产周期较长，多方面受着自然条件的制约。这就要求生产关系必须适应不同地区的生产力水平，要求农业生产的管理有更大的适应性和更多的灵活性。在不同的地方、不同的社队，以至于在同一个生产队，都应从实际需要和实际情况出发，允许有多种经营形式、多种劳动组织、多种计酬办法同时存在。随着生产力水平的提高，这些办法和形式，不同时期又会有相应的发展变化。因此，凡有利于鼓励生产者最大限度地关心集体生产，有利于增加生产，增加收入，增加商品的责任制形式，都是好的和可行的，都应加以支持，而不可拘泥于一种模式，搞一刀切。"文件特别肯定了专业承包联产计酬责任制的好处，认为"较之其他包产形式有许多优点：它可以满足社员联产计酬的要求，稳定生产队的经济主体地位，把调动社员个人的生产积极性和发挥统一经营、分工协作的优越性，具体地统一起来；有利于发展多种经营，有利于推广科学种田和促进商品生产；有利于人尽其才，物尽其用，

---

① 1979 年《中共中央关于加快农业发展若干问题的决定》。

地尽其力；有利于社员照顾家庭副业，对四属户和劳弱户的生产和生活便于做适当的安排。这种形式，既适用于现在的困难地区，也能随着生产力的提高和生产项目的增加，向更有社会化特点的更高级的专业分工责任制发展。"对于可否实行包产到户（包括包干到户）的问题，文件也给予了正面回应，认为对于包产到户应当区别不同地区、不同社队采取不同的方针，对于"在那些边远山区和贫困落后的地区，长期'吃粮靠返销，生产靠贷款，生活靠救济'的生产队，群众对集体丧失信心，因而要求包产到户的，应当支持群众的要求，可以包产到户，也可以包干到户，并在一个较长的时间内保持稳定。……在一般地区，集体经济比较稳定，生产有所发展，现行的生产责任制群众满意或经过改进可以使群众满意的，就不要搞包产到户。"① 这个文件虽然没有完全支持包干到户，但和两年前相比，政策上已经松动不小。

1981 年 12 月，中共中央在北京举行了全国农业工作会议，对农村改革工作中提出的新问题进行讨论。会议认为，全国 90% 以上的生产队已经建立了不同形式的农业生产责任制，大规模的变动已经过去，已转入总结、完善、稳定阶段。农村当前主要的经济形式是组织规模不等、经营方式不同的集体经济。当前的主要任务是要加强调查研究，总结经验，使现行的农业生产责任制进一步完善。1982 年 1 月 1 日，中共中央以"一号文件"的形式将此次农村工作会议纪要印发，即《中共中央批转〈全国农村工作会议纪要〉》，明确了"目前实行的各种责任制，包括小段包工定额计酬，专业承包联产计酬，联产到劳，包产到户、到组，包干到户、到组，等等，都是社会主义集体经济的生产责任制。不论采取什么形式，只要群众不要求改变，就不要变动。"② 同时，这也是新中国成立后有关农业改革问题的第一个"一号文件"。

1983 年 1 月 2 日，中共中央印发《当前农村经济政策的若干问题》，从理论创新角度对联产承包制给予了高估肯定，认为联产承包责任制以农户或小组为承包单位，扩大了农民的自主权，发挥了小规模经营的长处，克服了管理过分集中、劳动"大呼隆"和平均主义的弊病，又继承了以往合作化的积极成果，坚持了土地等基本生产资料的公有制和某些统一经营的职能，使多年来新形成的生产力更好地发挥作用。这种分散经营和统一

---

① 1980 年《中共中央印发〈关于进一步加强和完善农业生产责任制的几个问题〉的通知》。
② 1982 年《中共中央批转〈全国农村工作会议纪要〉》。

经营相结合的经营方式具有广泛的适应性，既可适应当前手工劳动为主的状况和农业生产的特点，又能适应农业现代化进程中生产力发展的需要。而且，统一经营与分散经营相结合的原则，使集体优越性和个人积极性同时得到发挥。这一制度的进一步完善和发展，必将使农业社会主义合作化的具体道路更加符合我国的实际。这是在党的领导下我国农民的伟大创造，是马克思主义农业合作化理论在我国实践中的新发展。联产承包责任制和各项农村政策的推行，打破了我国农业生产长期停滞不前的局面，促进农业从自给半自给经济向着较大规模的商品生产转化，从传统农业向着现代农业转化。这种趋势，预示着我国农村经济的振兴将更快到来，从而为实现党的十二大的战略目标提供更为有利的条件。文件同时对人民公社的改革提出了要求，要从两方面进行改革，即实行生产责任制，特别是联产承包制，实行政社分设。①

由于计划经济时期统一集体经营极大约束了农民的积极性，所以这一时期农民要求承包经营的热情十分强烈，分散生产在当时具有绝对解放生产力的作用，因而政府的政策也就着重关注承包责任制，丝毫没有涉及合作经营。这放在当时的历史条件下，十分自然。

4.1.2 初提合作经济组织（1984～1989）

我国农村经过五年多成功的经济改革，迎来了新的形势。以联产承包责任制为主要内容的农村改革，实现了农村劳力、资金、技术的流动和合理结合；农民积极性空前高涨，生产全面增长；主要农产品供应紧缺的状况有了很大改善，为农村产业结构的改革提供了物质基础。但与此同时，农业生产中也面临一些新的问题，农产品流通体制改革不到位，农民卖粮难问题比较普遍。在这样背景下，国家一方面继续稳定家庭联产承包责任制的改革；另一方面开始寻求以合作的形式来探索新的出路。

1984年1月1日，中共中央印发《关于一九八四年农村工作的通知》，明确当年农村工作的重点是在稳定和完善生产责任制的基础上，提高生产力水平，疏理流通渠道，发展商品生产。为继续稳定和完善联产承包责任制，提出了可以延长土地承包期，鼓励农民增加投资，培养地力，

---

① 1983年《当前农村经济政策的若干问题》。

实行集约经营，并允许农民和集体的资金自由的或有组织的流动，以帮助农民在家庭经营的基础上扩大生产规模，提高经济效益。通知还对政社分设以后，农村经济组织的发展提出了原则性的规定，应根据生产发展的需要，在群众自愿的基础上设置，形式与规模可以多种多样。"为了完善统一经营和分散经营相结合的体制，一般应设置以土地公有为基础的地区性合作经济组织。这种组织，可以叫农业合作社、经济联合社或群众选定的其他名称；可以以村（大队或联队）为范围设置，也可以以生产队为单位设置；可以同村民委员会分立，也可以一套班子两块牌子。……农民还可不受地区限制，自愿参加或组成不同形式、不同规模的各种专业合作经济组织，原公社一级已经形成经济实体的，应充分发挥其经济组织的作用；公社经济力量薄弱的，可以根据具体情况和群众意愿，建立不同形式的经济联合组织或协调服务组织；没有条件的地方也可以不设置。这些组织对地区性合作经济组织和其他专业合作经济组织，是平等互利或协调指导的关系，不再是行政隶属和逐级过渡的关系。"①

中共十二届三中全会以后，以城市为重点的经济体制改革即将全面展开。在这样的背景下，1985 年 1 月 1 日，中央下发《中共中央、国务院关于进一步活跃农村经济的十项政策》，指出在打破集体经济中的"大锅饭"之后，还必须进一步改革农村经济管理体制，在国家计划指导下，扩大市场调节，使农业生产适应市场的需求，促进农村产业结构的合理化，进一步把农村经济搞活，制定了十项针对性的政策。其中第八项提出要按照自愿互利原则和商品经济要求，积极发展和完善农村合作制，进一步明确联产承包责任制和农户家庭经营要长期不变，并肯定了合股经营、股金分红的合作经济方式，这种合作经济允许资金入股，生产资料和投入基本建设的劳动也可以计价入股，经营所得利润的一部分按股分红。文件认为"这种股份式合作，不改变入股者的财产所有权，避免了一讲合作就合并财产和平调劳力的弊病，却可以把分散的生产要素结合起来，较快地建立起新的经营规模，积累共有的财产。这种办法值得提倡……"对合作经济组织的制度建设，文件也要求"各种合作经济组织都应当拟订简明的章程，合作经济组织是群众自愿组成的，规章制度也要由群众民主制订；认为怎么办好就怎么订，愿意实行多久就实行多久。只要不违背国家的政

---

① 1984 年《关于一九八四年农村工作的通知》。

策，法令，任何人都不得干涉。"①

1986 年 1 月 1 日，中共中央发出《中共中央、国务院关于一九八六年农村工作的部署》，这也是改革开放以来连续第 5 个"一号文件"，明确当年农村工作的总体要求是改善农业生产条件、组织产前产后服务，推动农村经济持续稳定协调发展。文件特别提到农村经济改革还远未达到既定的目标，改革既要有破又要有立，完善流通体制和合作体制，调整产业结构，都还有大量的工作要做。农村商品生产的发展，要求生产服务社会化。因此，完善合作制要从服务入手。我国农村商品经济和生产力的发展，在地区之间、产业之间是参差不齐的，农民对服务的要求也是各式各样的，不同内容、不同形式、不同规模、不同程度的合作和联合将同时并存。文件要求"各地可选择若干商品集中产区，特别是出口商品生产基地，鲜活产品的集中产区，家庭工业集中的地区，按照农民的要求，提供良种、技术、加工、贮运、销售等系列化服务。通过服务逐步发展专业性的合作组织。地区性合作经济组织，应当进一步完善统一经营与分散经营相结合的双层经营体制。家庭承包是党的长期政策，绝不可背离群众要求，随意改变。……应当坚持统分结合，切实做好技术服务、经营服务和必要的管理工作。"②

1987 年 1 月 22 日，中共中央政治局为争取农村经济的新增长，巩固和扩大改革的成果，促进农业生产，对农村改革问题进行了深入的讨论，通过了《把农村改革引向深入》的文件。文件指出，几年来，农村改革遵循坚持四项基本原则，坚持开放、搞活的方针前进，取得了重要成果，但要实现农村改革的目标，还要做大量工作。在谈到完善双层经营，稳定家庭联产承包制时，明确指出乡、村合作组织实行分散经营和统一经营相结合的双层经营制，农民是满意的。要进一步稳定和完善，绝不搞"归大堆"，再走回头路。当前，合作组织主要是做好两件工作，一是为农户提供生产服务；二是加强承包合同的管理。

总体来看，这一时期对于合作经营的提法还处于比较"纠结"的状态，一方面，传统计划经济时期超前的合作化实践在人们的头脑中还存有十分深刻的影响，农民对此还心有余悸；另一方面，分散生产确实逐渐暴露出一些矛盾和缺陷，所以，对于合作经济组织的探讨，更多停留在理论

---

① 1985 年《中共中央、国务院关于进一步活跃农村经济的十项政策》。
② 1986 年《中共中央、国务院关于一九八六年农村工作的部署》。

层面，实践中的推动比较少见。而且即使有一些所谓的合作经济组织，也多是由政府出面组织，这与后来的合作社完全不是一种性质。

4.1.3　建立健全农业社会化服务体系（1990～2003）

这一时期的认识扩展了乡村合作组织的服务范围，不再将重点仅仅聚焦于"生产服务"，而是扩展到产前产中产后全过程，要建立健全一个有关农业发展的社会化服务体系。但需要指出的是，这一时期对有关社会化服务体系的认识中，始终把乡村集体经济看作主体和基础。

早在 1988 年国家就曾提出过社会服务体系的说法。在当年 3 月全国七届全国人大一次会议《政府工作报告》就提出，我国农业的根本出路在于由传统农业向现代农业的转变。推进适度规模经营，必须同生产力的发展水平相适应，以农业剩余劳动力转移的状况，农业机械化的程度，以及社会化服务体系的发展为条件。但随后经济秩序的混乱及整顿，没能将社会化服务体系的建立持续推进下去。

1990 年 12 月 1 日，中共中央、国务院发出《关于 1991 年农业和农村工作的通知》，要求各级党委和政府要继续把农业和农村工作摆在首位，认真抓好的第一项工作就是要稳定完善以家庭联产承包为主的责任制，建立健全农业社会化服务体系。农业社会化服务体系，既包括合作经济组织内部的服务，也包括国家经济技术部门和其他各种服务性经济实体为农业提供的服务。同年 12 月召开党的十三届七中全会，全会审议并通过了《中共中央关于制定国民经济和社会发展十年规划和"八五"计划的建议》（简称"建议"）。《建议》指出，今后 10 年，深化农村改革的重点是积极发展社会化服务体系，健全和完善统分结合的双层经营体制，把集体经营的优越性和农民家庭经营的积极性结合起来，逐步壮大集体经济实力。

1991 年 10 月 28 日，国务院将全国各地对于发展农业社会化服务体系的经验进行了总结，发出《关于加强农业社会化服务体系建设的通知》（简称"通知"）。《通知》明确了农业社会化服务体系建设的方向和原则，认为"农业社会化服务，是包括专业经济技术部门，乡村合作经济组织和社会其他方面为农、林、牧、副、渔各业发展所提供的服务。""农业社会化服务的内容，是为农民提供产前、产中和产后的全过程综合配套服务。""农业社会化服务的形式，要以乡村集体或合作经济组织为基础，以专业经济技术部门为依托，以农民自办服务为补充，形成多经济成分、多渠道、多形式、多层次的服务体系。从现实情况看，大体包括五个主要方面：一是村级集体经济组织开展的以统一机耕、排灌、植保、收割、运输等为主要内容的服务；二是乡级农技站、农机站、水利（水保）站、林业站、畜牧兽医站、水产站、经营管理站和气象服务网等提供的以良种供应、技术推广、气象信息和科学管理为重点的服务；三是供销合作社和商业、物资、外贸、金融等部门开展的以供应生产生活资料，收购、加工、运销、出口产品，以及筹资、保险为重点的服务；四是科研、教育单位深入农村，开展技术咨询指导、人员培训、集团承包为重点的服务；五是农民专业技术协会、专业合作社和专业户开展的专项服务。这五个主要方面构成了当前农业社会化服务体系的雏形。"①

1991 年 11 月 25～29 日，中共十三届八中全会召开。全会审议并通过了《中共中央关于进一步加强农业和农村工作的决定》（简称"决定"）。《决定》指出，要把以家庭联产承包为主的责任制、统分结合的双层经营体制，作为我国乡村集体经济组织的一项基本制度长期稳定下来，并不断充实完善。但"目前多数地方集体统一经营层次比较薄弱，要在稳定家庭承包经营的基础上，逐步充实集体统一经营的内容。一家一户办不了、办不好、办起来不合算的事，乡村集体经济组织要根据群众要求努力去办。"同时，"积极发展农业社会化服务体系，是深化改革的一个重要任务，是调动社会各方面力量，促进农村生产发展的一项战略措施。……乡村集体经济组织是农业社会化服务体系的基础，要努力把农民急需的产前、产中、产后的服务项目办起来，并随着集体经济实力的增强逐步扩展服务内容。同时要积极与其他服务组织联系，发挥其内联广大农户、外联国家经济技术部门和其他各种服务组织的纽带作用。供销合作社、信用合作社以及各种农产品经销、加工企业和农民自愿组成的服务实体，是农业社会化服务体系的重要组成部分。"②

1992 年 2 月 19 日，国务院转批国家体改委《关于 1992 年经济体制改革要点》（简称"要点"）。《要点》指出，加强农业社会化服务体系建设，以乡村集体经济组织为基础，组建多种经济成分、多层次、多形式的社会

---

① 1991 年《关于加强农业社会化服务体系建设的通知》。
② 《中共中央关于进一步加强农业和农村工作的决定》（1991 年 11 月 29 日十三届八中全会通过）。

化服务体系。

1993 年 11 月 4 日，国务院印发《九十年代中国农业发展纲要》。指出到 20 世纪末，要在全国逐步建立起以乡村集体和合作经济组织为基础，以专业经济技术部门为依托，以农民自办服务为补充的多经济成分、多形式、多层次的服务体系。并要求各级政府对农户自办、联办的社会化服务组织要给予支持，保护他们的合法权益。金融、科技、内外贸等部门要从资金、技术和物资供应上给予扶持。

此后有关农业社会化服务体系以及农民自办、联办社会服务组织的论述大致相同，但总体上看，仍把农村集体经济作为主要的服务主体，对于农民自主自发创办的服务组织，则往往一句带过。1998 年党的十五届三中全会讨论通过的《中共中央关于农业和农村工作若干重大问题的决定》，只简单提到要基本建立以家庭承包经营为基础，以农业社会化服务体系、农产品市场体系和国家对农业的支持保护体系为支撑，适应发展社会主义市场经济要求的农村经济体制，但对如何建立农业社会化服务体系则没有详细展开。

从 20 世纪 90 年代中期开始，农民负担沉重逐渐成为社会热点话题。有关农村改革的政策也多集中于"减负"。2000 年国家开始进行农村税费改革之后，税费改革成为当时的首要任务，有关农村合作经济组织的提法就更加减少。

4.1.4　鼓励发展农民专业合作组织（2004 年至今）

从这一时期开始，农民专业合作组织开始进入人们的视野，不再是以农业社会化服务体系建设的名义笼统出现，这也标志着我国农民自我组织、自我管理的合作发展进入了新的阶段。

2003 年 12 月 31 日改革开放以来第六个、21 世纪的第一个关于"三农"的中央一号文件——《中共中央国务院关于促进农民增加收入若干政策的意见》公布。文件提到，当前和今后一个时期做好农民增收的总体要求是，按照统筹城乡经济社会发展的要求，坚持"多予、少取、放活"的方针，调整农业结构，扩大农民就业，加快科技进步，深化农村改革，增加农业投入，强化对农业支持保护，力争实现农民收入较快增长，尽快扭转城乡居民收入差距不断扩大的趋势。在提到关于培育农产品营销主体时，"鼓励发展各类农产品专业合作组织、购销大户和农民经纪人。积极推进有关农民专业合作组织的立法工作。从2004年起，中央和地方要安排专门资金，支持农民专业合作组织开展信息、技术、培训、质量标准与认证、市场营销等服务。有关金融机构支持农民专业合作组织建设标准化生产基地、兴办仓储设施和加工企业、购置农产品运销设备，财政可适当给予贴息。"① 此后，以农民专业协会为代表的合作组织开始不断涌现（见案例4-1），它是以科技为纽带，农民自愿结合、自主经营、民主管理的合作组织。经过多年来的探索和实践，农民专业技术协会取得显著发展，合作规模、领域、紧密程度不断提高，涵盖现代农业产前、产中、产后各个环节。截至2015年年底，全国已有包括粮食作物、瓜菜、水产、林果、食用菌、加工运输等上百个专业的各类农技协110476个，个人会员1487万人。② 也正是从2004年起，中央一号文件重新聚焦"三农"问题。

案例 4-1

山西省永济市蒲州镇农民协会

　　山西省永济市蒲州镇农民协会是中国第一家以"农民协会"称号注册的基层民间组织。其前身是1997年成立的科技中心，历经科技兴农联网、妇女文化活动中心、妇女协会三个阶段，2004年6月，永济市农民协会在民政局正式注册。协会现有会员3865名，遍及两个乡镇35个村庄。

　　1997年，永济市蒲州镇寨子村的谢福政、郑冰夫妇创办了寨子村科技中心。在经营中，郑冰发现村民在购买农资时非常盲目，浪费现象严重。农民来买化肥往往先问：别人都买啥？而且出现2.5亩的土地施用800多元化肥的情况。面对这个情况，1998年10月，郑冰开始自费请农学院的专家来给农民讲授科技知识，首次就有周边10个村子的400多个农民参加。1999~2000年，以寨子村为中心，郑冰在周围18个村子建立了技术培训网点，以网点带动左邻右舍，促成了科教兴农联网。她组织了果树、芦笋、棉花、玉米、养鱼等培训12场次，培训人数超过5000人，极大地提高了村民的科技兴农意识。

　　2001年冬天，郑冰开始在村子里动员妇女参加文艺活动，比如说，唱

---

① 2003年《中共中央国务院关于促进农民增加收入若干政策的意见》。
② 中国农村专业技术协会网站，http://www.nongjixie.com。

歌、跳舞和扭秧歌。这样很快就改变了农村的文化生活状况。而且，她还动员本村的文艺骨干到周围的村子里去推动当地的妇女开展活动，在较短的时间里就有 30 多个村子的妇女参加了她们组织的活动。2003 年元宵节，她组织了 35 个村子的 1000 多名妇女到永济市进行了文艺表演，引起了轰动。后来，寨子村成立了妇女协会。

此后不久，村里的男同志也提出要开展文娱活动。在郑冰的组织下，象棋、拔河、乒乓球比赛等适合男村民的活动也相继开展起来。接着，有人提出，这些活动是由妇女协会组织的，男的不好意思参加，不如把妇女协会改名为农民协会。于是，"农民协会"这个名字就在村民之间传开了。

当文娱活动开展到一定程度的时候，在农民的要求下，郑冰又开始带领农民开展学习活动。她在全村组织了二十八个学习小组，每周二、周五是他们的固定学习时间。他们学习的形式和内容多种多样：一是辩论赛，每次的辩论都是根据村民关心的问题来展开的，比如，生男孩好还是女孩好？农村要不要搞好环境卫生等。二是学习家庭教育知识。三是"开心一刻"，就是大家聚在一起搞文艺节目，人人都得参加。四是"脑筋急转弯"。五是读国家的政策法律法规和一些专家学者的文章。

2004 年春节，三个北京的记者到寨子村采访，他们问郑冰说，怎么你们村这么多垃圾？这句话提醒了郑冰。农民协会开始讨论寨子村的垃圾应该怎么处理。2 月 15 日，协会给寨子村 213 户村民同时发了一份倡议书，建议大家义务清理村里堆积了十多年的垃圾堆。在协会的组织下，198 户村民出人出车，用三天时间就完工了。

寨子村的巷道原本是土路，下雨时泥泞不堪，非常难走。为了把它们修整成沙石路，在协会的推动下，村民以巷道为单位选举产生 24 个理事，成立了村建理事会（后来改名为健康家园理事会）。理事会组织村民集资和出义务工修路。6 月下旬，8 条巷道的排水沟和路面沙石平整全部完工。大家一鼓作气，又在各条巷道建立垃圾箱，还给各条巷分别起了朝阳、幸福、吉祥、顺风、聚才、农科、勤俭、迎宾八个好听的名字。寨子村以巷道为单位划分成了 8 个卫生责任区，每半月搞一次卫生评比。这样，寨子村的村容村貌得到彻底改观。随后，农民协会又将卫生工作推广到会员的家庭中去，建立了会员家庭卫生评比制度，极大地促进了农民家庭卫生状况的改变。

永济农民协会内部设有粮农经济合作社。合作社下设有小麦合作组、棉花合作组和玉米合作组。其中小麦合作组经营手工馍加工作坊和磨面坊。棉花合作组下面分设棉被组、织布坊、弹花坊等。农民协会内部还设有民族手工艺开发中心，组织妇女生产手工艺品。这些项目的负责人都多年坚持无私奉献，从来不拿报酬，将利润用于协会的日常活动开支。其中的普通工作人员则按劳计酬，比如说，制作一套订扣子的棉被7元，普通棉被5元。为了保证手工艺品和手工馍的质量，会员要想加入这些组织就必须参加协会组织的相关比赛，产品合格才能参加。

经过多年的努力，永济农协已有以技术培训、农资服务为主的五个科技服务中心；有一个由82户寨子村民合作组建起来涂料加工厂；有一个27户妇女合作组成的红娘手工艺作坊和一个105户妇女合作的蒸馍作坊；有老年协会和青年服务中心；有以搞好个人、家庭、村庄卫生为主导的健康家园理事会。农民协会，帮助农民共同抵御市场风险。自我学习，自我教育，在农民自发愿望与基层政府治理之间形成了良性互动。

案例来源：作者根据网络整理。

2005年12月31日，中央发布《中共中央国务院关于推进社会主义新农村建设的若干意见》，继续明确支持农村合作组织发展，支持农业产业化经营，要着力培育一批竞争力、带动力强的龙头企业和企业集群示范基地，推广龙头企业、合作组织与农户有机结合的组织形式，让农民从产业化经营中得到更多的实惠。并首次提到立法建设，积极引导和支持农民发展各类专业合作经济组织，加快立法进程，加大扶持力度，建立有利于农民合作经济组织发展的信贷、财税和登记等制度。

20多年的发展实践证明，农民专业合作经济组织是解决"三农"问题的一个重要途径，它可以提高农业生产和农民进入市场的组织化程度，有利于推进农业产业化经营和农业结构调整，稳定地增加农民收入，也为落实国家对农业的支持保护政策提供了一个崭新的渠道。

由于没有统一的法律制度规范，又由于各地方经济社会发展水平的差异，农民专业合作经济组织在发展中呈现出组织形式、运行机制、发展模式的多样性。尽管如此，从它出现时起，就一直鲜明地体现着"民办、民管、民受益"的原则特征，成为城乡市场上一个非常活跃的新型的经济组织。随着农民专业合作经济组织的不断发展，实践中也暴露出一些问题和困难，迫切需要国家采取法律和政策措施，加以解决。① 一是农民专业合作经济组织的法律地位不明确。目前，没有一部法律、行政法规明确农民专业合作经济组织可以获得法人地位，直接导致这种组织无法登记②，已经在一定程度上影响了这种组织正常经营活动的进行。二是由于没有基本的法律规范，许多组织内部运行机制不健全，不能真正实行民主管理，不利于保护农民成员的民主权利和经济利益。另外，由于最后是"公司＋农户"组织中公司、企业与农户利益的不一致，买方毁约和卖方毁约现象经常发生，农产品"买难""卖难"现象没有能够从根本上得到解决。所以，通过立法，明确农民专业合作经济组织的市场主体地位，保护农民的利益，支持和引导其健康发展，逐步改变"三个弱势地位"③，是非常必要的。

根据十届全国人大常委会立法规划的安排，由全国人大农业与农村委员会牵头组织"农民专业合作经济组织法"的起草工作。2003 年 12 月起，农委组织中央有关部门、一些专家学者，着手起草工作。经过多次基层调研、反复研讨，在总结我国农民专业合作经济组织发展经验的基础上，结合借鉴国外有关合作社立法和发展的经验，形成了《中华人民共和国农民专业合作经济组织法（草案）》，2006 年 3 月 1 日农委第十五次全体会议审议并原则通过了草案，2006 年 6 月 24 日提请第十届全国人民代表大会常务委员会第二十二次会议进行第一次审议。

2016 年 8 月 22 日，该法被更名为《农民专业合作社法》，进入二次会议审议。对于更名的原因，全国人大法律委员会解释说，现行政策框架中的农民专业合作经济组织，主要分两类：一是主要从事经营活动的农民专业合作社；二是不从事经营活动的农民专业协会等。而从草案内容和立法说明看，该法的调整对象只是从事经营活动的实体性农民专业合作经济组织，而不适用于只为成员提供技术、信息等服务的农业生产技术协会

---

① 关于《中华人民共和国农民专业合作经济组织法（草案）》的说明，http：//www. npc. gov. cn/wxzl/gongbao/2006 - 12/05/content_5354949. htm。

② 比如，农民专业技术协会随着业务的扩大，开展农产品加工、交易活动成为大势所趋。但是，按照国务院 1998 年颁布的《社会团体登记管理条例》，协会组织只能从事非营利活动，开展商业经营活动属于不合法行为。为了能够合法开展商业经营活动，一些协会不得不按照公司法或合伙企业法进行工商登记和注册，其结果是把一个原来以平等合作关系为基础的生产者组织，变成了一个以买卖关系为基础的"公司＋农户"组织。

③ 主要指单家独户的小生产，在发展规模化农业方面，处于弱势地位；分散经营，在科技运用，发展集约化农业方面，处于弱势地位；千家万户面对市场，与市场经济对接并与国外农业竞争方面，处于弱势地位。

等。基于上述原因，为了使该法所调整的对象与上述农民专业协会等相区别，使现有的从事经营性活动的农民专业合作社作为法律调整的对象更加名副其实，全国人大法律委员会同全国人大农委、中农办、国务院法制办、农业部等研究后，遂建议做出以上修改。

2006 年 10 月 31 日，第十届全国人民代表大会常务委员会第二十四次会议通过《中华人民共和国农民专业合作社法》，自 2007 年 7 月 1 日起施行。这是我国首次以立法的形式推进农民的经济互助与合作，这标志着我国的农民专业合作社进入有法可依、依法发展的新阶段，对引导和促进农民专业合作社发展具有重大的现实意义和深远的历史意义。

4.2 中国农民专业合作社现状

在 2007 年正式颁布《中华人民共和国农民专业合作社法》之后，我国的农业合作社迎来了一个新的发展契机，合作社的注册数量不断增加，种类也不断丰富。

4.2.1 数量明显增加

每年的农村合作社注册登记数量呈现明显的上升趋势：2010 年全国正式登记注册的合作社数量有 35.1 万家，2011 年迅速超过 50 万家，2012年继续保持向上发展趋势，当年登记注册的合作社达到 68.9 万家，2013年全国合作社达到了 98.24 万家，2014 年突破 100 万家，达到 128.9 万家，2015 年登记注册数量为 153.1 万家（见图 4 - 1）。截至 2015 年 12 月底，全国入社的农户有 10090 多万，约占全国农户总数的 42%，同比增长约 18.3%。整个"十二五"期间，我国的合作社数量整体增长了近 3 倍，农户的入社率提高约 31%。[1]

2010～2015 年这 6 年间我国农村合作社的显著增长，最直观地表现出了如今我国农村合作社发展的好势头以及较为稳定的发展趋势。每一年都保持着快速的增长，体现了全国范围内的合作社发展良好的大环境。这不

---

[1] 全国农民合作社发展部际联席会议第四次全体会议召开，新华网，http://news. xinhua-net. com/politics/2016 -03/21/c_128819262. htm。

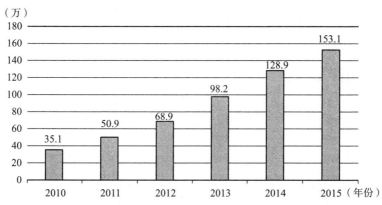

图 4-1　2010~2015 年全国登记注册农村合作社数量

资料来源：中国农业部。

仅仅是农民自身合作积极性的提高，也能够反映在这些年的政府相关部门的支持，使得合作社能够有序发展。

2016 年是我国"十三五"的开局之年，全国农民合作社发展部际联席会议第四次全体会议明确指出，"要发挥合作社在推进农业供给侧结构性改革中的引领和支撑作用，让合作社带动普通农户共同促进农业的有效供给，提高农业全要素生产率，增加农民收入。要发挥合作社组织化优势，引导带动贫困地区农民抱团发展优势产业，走向共同富裕。要加强调查研究，从各部门工作实际出发支持贫困地区合作社发展，以更好发挥合作社在精准扶贫、精准脱贫中的引领作用"[1]。

4.2.2　区域分布特色明显

在看到近年来我国的农村合作社的登记注册数量不断增加的同时，还要看到合作社发展的不均衡性，全国的合作社数量多少的分布有明显的地域特征。

这里选取 2013 年与 2014 年的全国各省合作社的登记注册数量，分析不同省份的合作社发展状况。

东部地区的合作社数量明显高于西部地区。尤其在华北平原区以及东

---

[1]　全国农民合作社发展部际联席会议第四次全体会议召开，新华网，http://news. xinhuanet. com/politics/2016-03/21/c_128819262. htm。

北地区合作社数量最多，这主要与农业生产对自然因素要求高有关，比如华北和东北的平原地区多，种植业发展先天条件好，农民建立的相关种植业合作社多。西部尤其青海、西藏等地区，农作物生长环境相对较为恶劣，多为畜牧业，农村的相关专业合作社发展较东部地区落后，实际登记注册的合作社数量仍然较少。比如在 2013 年，青海省的合作社总量为7495 家，而同期的东北区的黑龙江省为 49533 家。这一点，也与刘帅、郭焱等（2014）的研究相一致。

在近两年始终保持合作社注册数量第一的是山东省，2013 年与 2014年其农村专业合作社分别有 98869 家和 131554 家（见图 4 - 2）。增长速度快，发展水平高。实际上，近几年来，山东省的合作社发展状况一直保持良好状态，农民有较高的创立以及加入合作社的积极性。

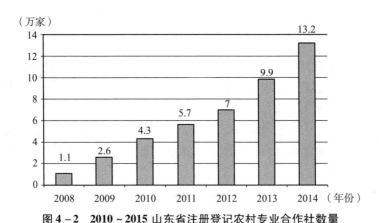

图 4 - 2　2010 ~ 2015 山东省注册登记农村专业合作社数量

4.2.3　类别丰富多样

目前我国的农村专业合作社已经形成了多样化的发展趋势，各种不同类别的合作社共同发展，在解决"三农"问题上发挥着重大作用。一般来说，常见的农民专业合作社主要有以下几种形式。

一是生产合作社。主要是指从事采集、种植、养殖以及渔猎、牧养、加工、建筑等生产活动的合作社。这类合作社普遍与食品安全相关，诸如种植粮食蔬菜、渔猎水产家禽等，都提供者与食品相关的服务，与社会公众的生活息息相关（见案例 4 - 2）。

案例 4 - 2

桓台县新城细毛山药农民专业合作社

桓台县新城细毛山药农民专业合作社成立于 2008 年 11 月 19 日，是一家以山药种植、销售为基础的农民专业合作组织。合作社位于全国一村一品示范村——桓台县新城镇河南村。

新城细毛山药是山东省桓台县新城镇的地方特产之一，栽培历史悠久，明清年间成为朝廷贡品，在省内外享有很高的盛誉。新城镇河南村是细毛山药的核心种植区，受传统耕作方式和观念的制约，一直以来都是一家一户分散种植，难以形成品牌优势和规模优势，农民增收致富难，严重影响了细毛山药种植的积极性。2008 年年初，河南村在上级党委、政府的支持下成立了桓台县新城细毛山药农民专业合作社，注册了"桓城"牌商标。

为进一步提高山药品质、扩大种植面积、做大山药产业、增加农民收入，合作社确定了"做大做强新城细毛山药产业、促进农民增收致富"的发展目标。合作社先后投资建设了 300 平方米的办公服务用房，配套了化验室，完善了各项规章制度，大力推行"统一良种选育、统一农资供应、统一技术管理、统一包装销售"的"四统一"模式，通过优质的管理和服务将山药种植户有效组织起来闯市场。目前，合作社入社社员已达168 户，其中本村社员 80 户，吸收周边村庄社员 86 户。产品价格也由2008 年前的 5 元/斤提升到现在的 10 多元/斤，许多种植户收入接近翻番，致富增收的热情越来越高，初步实现了山药品牌响起来、产品价格提起来、种植农户富起来的目标。2009 年 4 月新城细毛山药被认定为"国家地理标志"保护产品，2010 年 10 月，新城细毛山药通过了有机产品认证。

目前，在合作社的带动下，山药种植户已发展到 1000 余户，山药种植面积达 3000 余亩，辐射带动周边年加工、销售山药 600 余吨，"细毛山药"品牌的知名度、美誉度不断提升，农民收益效果显著。

案例来源：淄博市蔬菜信息网，http://www.zbsc.gov.cn。

二是流通合作社，流通合作社主要是指从事运输、购买、推销等处于流通领域的服务业务的各类合作社（见案例 4 - 3）。

案例 4 - 3

四川盛丰果业专业销售合作社

2006 年 10 月，四川盛丰果业专业销售合作社成立。合作社成立前，果农都是自己销售自家的产品。当时，果农们的商品在市场上竞争十分激烈，即使打价格战低价出售也难以完全销售出去，而零售商也存在着拿货价格高的情况。众多的果农们了解到这一信息后，都决定将自己的商品运到城市里去，即自己卖自己的商品，这样本以为两全其美，但令人意外的是，果农们大多都没有经验，又缺乏集体合作意识，整个宛如一盘散沙，最终不可避免以失败告终。果农这一行动，政府也看在心里，帮忙找销路，最后他们建议大家成立专业的销售合作社，有组织有纪律地把产品销售到市场，直接把产品送到零售商那里去。减少中间商，这样一来果农和零售商都能得到不同程度的实惠。经大家商议，决定成立专业生产合作社和专业销售合作社。在政府的支持和鼓励下，盛丰果业专业销售合作社正式成立了。最初由 8 家果农组成，消息一传开，后来又有多家生产合作社也加入到了销售合作社。

案例来源：作者根据网络整理。

三是服务合作社。主要通过提供各类劳务、服务等形式，给予加入的社员在生产生活方面便利条件的合作社。服务合作社包含的具体合作类别有很多，具体的服务形式不同也就成了不同的合作社，比如租赁合作社、医疗合作社、劳务合作社以及保险合作社等。服务合作社不管具体是那种形式，都将市场化与自我服务最大限度地整合到一起，对广大农民是有利的（见案例 4 -4）。

案例 4 - 4

芜湖县惠农农业机械服务专业合作社

芜湖县惠农农业机械服务专业合作社由王大财等 10 人于 2010 年 4 月发起成立，并在芜湖县工商局登记注册，注册资金 80 万元。现有社员 118人，带动农户 1380 户，拥有大中型农机具 268 台（套）。其中大中型拖拉机 43 台及秸秆粉碎还田机 18 台，开沟机 12 台，烟草起垄机 16 台，油菜小麦播种机 13 台，收割机 32 台，插秧机 35 台，碎土机 3 台，育秧流水线 3 台，流转土地面积 3000 余亩。2014 年合作社实现经营收入 1864 万元，按作业量返还社员 1588 万元。2011 年以来合作社先后被授予"芜湖县农民专业合作社示范社""芜湖市先进农民专业合作社""全省农机合作社示范社"。芜湖县惠农农业机械服务专业合作社在农机作业服务、农机新技术新机具推广等方面取得了良好的经济效益和社会效益。一是社员不断扩大。合作社社员由 10 人扩大到 118 人，增长了 10 倍。二是服务范围不断拓宽。合作社由代耕代收服务扩大到代育秧、代耕作、代机插、代机收等农机作业全程化服务。三是资产不断扩大。合作社成立时只有 12 台农机具，目前已发展到 268 台大中型农机具，育秧工厂 2 座，合作社集体购置的资产达 1500 万元。四是社员收入不断增加。2014 年合作社社员人均年收入达到 12 万元以上，比未加入合作社的农机手增收 45% 以上。

案例来源：芜湖县惠农农业机械服务专业合作社网站，http://www.whhnnj.com/。

　　四是资金互助社。资金互助社不是现实中的农村信用合作社，其特点是在农村中接受社员存贷款给其他社员的合作社，在合作社内部形成资金的流动（见案例 4 - 5）。在 20 世纪 90 年代中后期，我国国有银行的商业化改革如火如荼地开展，而广大的农村金融排斥的现象愈发严峻，我国的农村成了整个金融排斥的对象。这里出现了一个矛盾：很多的正规金融机构在经过商业化改革后逐渐退出了农村市场；但是改革开放后，尤其市场经济逐步发展之时，农村经济得到了发展，对资金产生了大量需求。这二者的激烈矛盾不可避免地催生了一些非正规性金融的出现，另外农村地区本身就对非正规的金融有着强烈的制度需求。由此，各种资金互助社开始涌现，迎合了农村地区的金融需求，并以低成本的优势占据了农村地区的市场。

案例 4 - 5

姚店子镇聚福源资金互助社

　　山东省沂水县突出地方特色，大力发展生姜产业，生姜种植面积常年稳定在 6 万余亩（其中 2.5 万亩生姜集中分布在县城西南的姚店子镇），年产量 2.6 亿千克，成为鲁南地区最大的生姜销售集散地。2007 年 4 月，为推进生姜标准化程度，提高生姜产业化水平，姚店子镇 170 户生姜种植户和 8 家生姜加工出口企业发起成立了沂水县德农生姜专业合作社。随着银行业股份制改革的深入，工农中建四大国有银行已全部撤离姚店子镇，在整个镇上，只有农信社和邮政储蓄两家金融机构。生姜产业链上的农户们遇上了加快产业发展和资金供求"饥渴"的供求矛盾。合作社因势利导，在内部探索性地开展资金互助，"生姜种植季节，一些购销加工大户业务处于淡季，将其资金调剂给种姜户使用；在秋季生姜集中收购加工时，将种姜户的闲散资金调剂给经营大户使用，"为资金互助社的成立积累了一定经验。

2007年12月，合作社选举成立资金互助社筹建小组，完成了可行性调研，并明确了资金互助社的市场定位：一是支持生姜种植需求，主要以信用贷款为主，加速资金周转，满足更多生姜种植成员的资金需求；二是支持生姜加工出口小企业发展，发挥成员联保作用，增加信贷投入，扩大企业生产规模；三是支持德农生姜专业合作社发展，增强其市场竞争力。

2008年1月上旬，48名发起人进行了认股预先登记，签订协议书，承诺自愿入股53.7万元，其中生姜种植大户46户，生姜加工出口企业2家。1月下旬，筹建工作小组向工商部门申请预先名称核准，向山东银监局提出筹建申请，1月29日，山东银监局批复同意筹建申请。2月上旬筹建工作小组确定理事、监事和经理拟任人选，向48名发起人成功募集股本金53.7万元，聘请会计师事务所验资，同时完成设立大会暨第一届成员大会的筹备工作。2月17日召开会议，审议通过筹建工作报告、章程草案、成员大会议事规则、基本管理制度，选举理事、监事和经理，召开第一届理事会，选举理事长，通过理事会议事规则，聘用工作人员；召开第一届监事会，选举监事长，通过监事会议事规则。3月上旬，筹建工作小组向临沂银监分局提出开业申请，临沂银监分局不久批复开业；3月26日，山东省内首家资金互助社正式挂牌开业。

聚福源成立之初，初始股金53.7万元，并一直坚守服务社员、资金内循环这一底线。为了防止理事长一家独大，社员们约定个人单笔入股金额不能超过总股本的10%。同时设立理事会、监事会，并规定每笔贷款须经"两会"成员一致表决通过才能放款。每到月初，县银监办工作人员都会到互助社现场核查账目，并通过银监会的会计报账系统实行网络监控。

为了防范"坏账"风险，聚福源规定了严苛而不失实用的"五不入"入社门槛："不孝顺的不能入，与生姜无关的不能入，不是本乡本土的不能入，吊儿郎当的不能入，不三不四的不能入。"聚福源168户社员全部来自姚店子镇周边几个村，"都是熟人，知根知底，谁家有几头猪，谁种的姜有多少亩，都一清二楚。"

2008～2014 年间，互助社已累计向社员发放 285 笔贷款，总额 2231.5 万元，累计收回贷款 266 笔，未发生一笔坏账。"关键就是不以营利为目的，始终没偏离资金互助这个大方向。一旦光想赚钱了，就一定出问题。"

案例来源：作者根据网络整理。

第5章

中国农民专业合作社合作机制运行的实证分析

2011年7～8月，课题组对山东、河南、浙江、江苏、湖南等省及内蒙古自治区等地的20个县（区）的22个较为规范的农民专业合作社进行了实地调研。本次调研采取合作社负责人调研与社员调研相结合、调查问卷与访谈相结合的方式进行，共回收问卷495份（其中负责人问卷22份，社员问卷305份；非社员问卷168份，负责人问卷主要涵盖合作社基本情况、社长、生产经营、治理结构、总体评价等方面的信息，社员问卷涵盖社员基本情况、对合作社的认知、参与和评价等方面的信息，非社员问卷涵盖基本情况、周边邻居入社情况以及入社意愿等方面的信息）。

2015年7～8月，课题组又对山东省的部分合作社再次进行访谈，以总结合作社发展中的经验以及遇到的新情况、新问题。本章的实证分析主要依据2011年的实地调研数据。

5.1 合作的收入效应

在2007年正式颁布《中华人民共和国农民专业合作社法》之后，我国的农业合作社迎来了一个新的发展契机，合作社的注册数量不断增加，种类也不断丰富。

5.1.1 样本基本情况

调研样本的选取以山东省为主：第一，山东是农业大省，也是我国农民专业合作社起步较早、发展较为完善的省份之一，合作社数量居全国首位。第二，山东省的经济发展状况大致可分为东、中、西三部分，其中，以东部地区最为发达，中部次之，西部又次之。合作社发展状况与总体经济状况略有差异，也分为东、中、西部，但以潍坊市、临沂市等为代表的中部地区农业及农民专业合作社最为发达，东部次之，西部又次之。本次调研的范围涵盖了山东省的东部 5 市、中部 8 市、西部 4 市。第三，调研在以山东省样本为主的同时，也兼顾到其他省、自治区的合作社。

样本合作社来源及构成如表 5 – 1 所示。

表 5 – 1　　　　　　　　　　样本合作社来源及构成

区域	城市	合作社负责人 有效调查问卷数	合作社社员 有效调查问卷数	合计
山东省东部	东营	2	29	31
	滨州	1	15	16
	青岛	1	15	16
	烟台	1	15	16
山东省中部	泰安	1	15	16
	莱芜	2	20	22
	临沂	3	41	44
	潍坊	2	30	32
山东省西部	枣庄	1	15	16
	济南	1	14	15
	聊城	1	15	16
	德州	1	15	16
河南省	濮阳	1	10	11
浙江省	临海	1	15	16
江苏省	南通	1	11	12
湖南省	长沙	1	15	16
内蒙古自治区	乌兰浩特	1	15	16
总计	—	22	305	327

从合作社的规模、种类和辐射范围来看：第一，本次调研所选取的合作社的主营产品100%在当地形成了规模经营，涉及粮食作物、经济作物、

瓜果蔬菜、家畜家禽养殖、水产养殖等领域；第二，合作社注册资金从 5 万~2000 万元，其中，68% 分布在 30 万~1000 万元（见图 5 - 1）；第三，从合作社的评级来看，由高到低包含了国家级示范合作社、省级示范合作社、市级示范合作社、县级示范合作社和非示范性合作社（见图 5 - 2）；第四，合作社（社员）辐射范围由大到小包含跨省、跨市、跨县、跨乡、跨村、村内（见表 5 - 2）。由此可见，这 22 个合作社较好地涵盖了各种规模、类型和辐射范围的合作社，比较具有代表性。

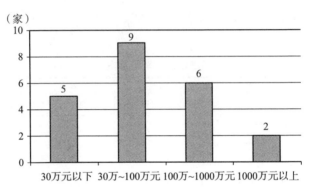

图 5 - 1　合作社按注册资金划分的分布

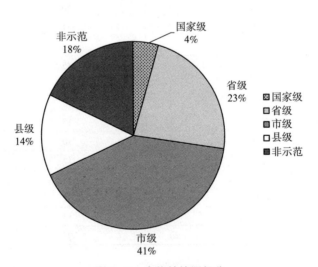

图 5 - 2　合作社按评级分

表 5 - 2　　　　　　　　合作社按（社员）辐射范围的分布

	跨省	本省跨市	本市跨县	本县跨乡	本乡跨村	本村
个数/个	1	3	2	5	9	2
频率/%	45.45	13.64	9.09	22.73	40.91	9.09

5.1.2　入社与否的收入差别分析

为评价农民加入合作社与不加入合作社的效应差别，我们选取了农民年收入（y）作为被解释变量，以是否入社（coop）为被解释变量，其中 coop 为 1 表示已经加入合作社，为 0 表示未入社。同时，为了控制被调查者个人特征的影响，我们还选取了一组控制变量 X，其中包括性别（sex，1 表示男性，0 表示女性）、年龄（age）、教育程度（edu，1 表示文盲，2 表示小学，3 表示初中，4 表示高中，5 表示大专及以上）、生产规模（scale，1 表示规模大，2 表示中等，3 表示规模大）、生产经验（用从事生产年限 year 表示）、社会资源状况（social，其中 1 表示少，2 表示中等，3 表示多）。

变量的相关描述统计如表 5 - 3 所示。

表 5 - 3　　　　　　　　　　　变量描述统计

变量名称	观察值个数	均值	标准差	最小值	最大值
y	458	67084.57	69794.39	7000	700000
coop	458	0.647826	0.478168	0	1
sex	458	0.745652	0.435968	0	1
age	458	42.43478	9.095361	17	70
edu	458	2.867391	0.896508	1	5
scale	458	1.871739	0.722246	1	3
year	458	8.954148	6.842082	0	38
social	458	1.919565	0.633185	1	3

从表 5 - 3 中可以看出，农民的收入差距较大，最多的年收入达到 70 万元，最少的只有 7000 元。而受访农民的年龄与工作经验也变化较大，年龄最高的 70 岁，最多的生产经验有 38 年，而最小的受访人只有 17 岁，

没有生产经验。

这里我们选取简单线性回归模型：

$$Y = \beta_0 + \beta_1 coop + \beta_2 X + \varepsilon_i$$

其中 coop 代表农民是否加入合作社，向量 X 代表一系列控制变量。回归结果如表 5-4 所示。

表 5-4　　　　　　　　农民是否入社收入效应的回归结果

解释变量	被解释变量 y	
	(1)	(2)
coop		19414***
		(6714)
sex	14371**	12623*
	(7086)	(7055)
age	-889.4**	-919.3**
	(409.1)	(405.9)
edu	2160	1394
	(3977)	(3954)
scale	30561***	25905***
	(4412)	(4663)
year	1020**	1075**
	(483.3)	(479.7)
social	10732**	13627***
	(5095)	(5152)
Constant	992.8	-4157
	(25216)	(25076)
Observations	458	458
R-squared	0.171	0.186

注：括号中为标准差，*** $p < 0.01$，** $p < 0.05$，* $p < 0.1$。

回归结果表明，农民的收入与个人的生产规模、生产经验、社会资源状况成正相关，这基本符合我们的认知常识，即农民的生产规模越大、经验越丰富、社会网络越广，则农民的收入越高。但令人惊讶的是，农民教育程度的回归系数虽为正，但却不显著，这或许可以从另一个侧面说明当前我国农业生产的科技水平较低，生产更多依赖传统的经验或习惯。

加入是否入社（coop）这一变量后，之前显著的变量仍继续显著，不显著仍不显著。但是否入社对农民收入的影响却是高度正相关,说明加入合作社的农民与不入社农民相比,收入有显著的增加。这也充分说明了前面所论证的通过合作社可以获取合作盈余的理论机制。

5.1.3　入社成员收入差别的影响因素分析

下面我们来进一步分析,加入合作社的成员中,其收入的影响因素有哪些。从理论上讲,社员的收入除了受到其个人特征(年龄、性别、教育程度、经营规模、社会资源等)的影响外,还会受到合作社的自身特征、合作社的治理状况、合作社的外部关系以及合作社提供的服务等几个方面的影响。

5.1.3.1　研究假设

合作社自身建设情况包括主营产品、发起人、合作社级别及品牌等(见表 5 - 5)。

表 5 - 5　　　　　　　　　　合作社自身建设情况统计

自身因素	分类	数目
主营产品	粮食作物	2
	经济作物	3
	瓜果蔬菜	6
	家禽家畜	6
	水产养殖	2
	其他	3
发起人	龙头企业	4
	村干部或农村能人	11
	生产、销售大户	4
	普通农民	2
	农技推广部门	1
合作社级别	国家级示范合作社	2
	省级示范合作社	5
	市级示范合作社	9
	县级示范合作社	3
	非示范合作社	3

续表

自身因素	分类	数目
品牌建设	国家级品牌	1
	省级品牌	5
	市级品牌	6
	县级品牌	3
	无品牌	7
信息服务平台建设	完善	6
	一般	11
	尚待建设	5

合作社的发起人中有龙头企业、农村能人、产销大户、农技部门和普通农民。他们在拥有资源和合作目的上存在差异。普通农民拥有自然资源，如土地，但规模有限，只有联合起来才能形成规模，他们加入合作社是以规避风险、获得稳定的购销渠道、降低成本、提高谈判能力和增加收入为目标；企业拥有资本资源（资金）、人力资源（管理和技术人才）和社会资源（社会关系网络、购销渠道等），参与合作社主要是为了获得稳定的收货渠道、质优价廉的产品，增加企业盈利；村干部拥有社会资源，希望通过组织、领导合作社获得政绩；大户拥有自然资源，并且可能拥有一定的资本资源和社会资源，希望联合小户扩大生产规模，增强抵御风险的能力，增加收入。资源的差异使合作社内部存在互补性，能够提高合作社的效率，目的的差异则使合作社产生利益分歧，造成合作社效率的损失（见表5-6）。

表5-6　　　　　　　　　合作社不同发起人的优势分析

发起人	自然资源	资本资源	人力资源	技术优势	社会资源	参与合作社的主要目的
普通农民	√					规避风险，降低成本，提高收入
农技人员				√		提供技术指导，增加收入，降低成本
产销大户	√	√			√	扩大规模，规避风险，提高收入
村干部					√	政绩
龙头企业		√	√		√	获得稳定的收货渠道，盈利

从合作社级别来看，一般来说示范社要强于非示范社，国家级示范社

要强于地方级示范社。从品牌建设看，越高等级的品牌，其影响力越大，从而会更加促进合作社的发展。从信息平台建设角度看，有一半左右的合作社信息平台建设一般。由此，我们提出第一个假设。

假设 1：合作社自身建设越好，越有助于社员收入的增加。

合作社的治理状况也会影响到社员的收入情况（见表 5 - 7）。

表 5 - 7　　　　　　　　　　合作社治理情况统计

治理结构	分类	计数
规范章程是否严格执行	严格执行	17
	没有严格执行	5
社员大会是否一人一票	一人一票	16
	非一人一票	6
是否有规范的账目	有	21
	无	1
财务信息公开次数	0 次	3
	1 次	5
	2 次	8
	4 次	2
	5 次	2
	10 次以上	2

统计分析结果显示，被调查的样本合作社都拥有自己的规范章程，77% 的合作社都能严格按照章程来进行日常生产、管理，23% 的合作社章程形同虚设，并没有起到应有的效力。投票制度方面，72% 的样本合作社采用社员大会一人一票的表决方式，说明大部分合作社的社员拥有平等决策的权利。而 28% 的样本合作社没有采用一人一票的表决制度，出资额或交易量较大的成员，在社员大会中享有附加表决权。规范的账务账目方面，被调查的合作社只有 1 家没有建立规范的账务账目，说明合作社财务管理的意识是很高的。一般来说，合作社治理越好，合作社运行越健康，越有利于保护农民的利益。所以，我们提出第二个假设。

假设 2：合作社治理越好，越有助于社员收入的增加。

合作社外部关系也会影响合作社中家庭年均收入增加，这里所指的外部关系主要是与政府或高校的社会关系，主要表现在是否得到政府的支持，是否与当地高校或科研机构有联系合作（见表 5 - 8）。

表 5 – 8   合作社外部关系情况统计

外部因素	分类	数目
有无政府扶持	有政府扶持	17
	无政府扶持	5
是否与高校合作	与高校、科研机构有合作	10
	与高校、科研机构无合作	12

通过表 5 – 8 可知，有政府扶持的合作社数目居多，比例占到了 77%，与高校、科研机构有合作的占 45%，接近一半的合作社都或多或少跟高校、科研机构有联系。政府扶持既可以体现为货币性的财政补助，也可以体现为优惠性的政策。而与高校的合作主要表现为农业科技方面的研发与推广，这种高校科技合作最终内化于合作社的经营能力，而政府扶持相当于是外在的推动力，所以，它们都会有助于合作社的健康发展，从而推动社员收入的增加。

假设 3：合作社社会关系越好，越有助于农民收入的增加。

合作社的主要任务是向社员提供服务。问卷中我们设计了一项有关社员从合作社获得培训次数的问题，统计结果如表 5 – 9 所示。

表 5 – 9   合作社成员获得培训情况统计

培训次数	0	1	2	3	4	5	6	7	8	9	10	>10
计数	23	13	34	76	11	26	9	17	13	11	34	34

从中不难发现，获得培训次数最多的是 2 次和 10 次，受众都是 34 位社员。当然也有 23 位社员一次也没有获得培训。合作社提供的培训服务是农业科技转化的重要平台，所以，培训越多的农民受益越大。

假设 4：合作社提供的服务越好，越有助于农民收入的增加。

5.1.3.2   变量选取与描述统计

为更好说明合作社社员收入的影响因素，我们选取社员的家庭年收入（y）作为被解释变量。

解释变量包括如下四类。

（1）合作社自身建设情况。主要选取发起人特征（spon，1 表示由农村能人和种植大户发起，0 表示其他主体发起）、品牌建设情况（brand，1

表示有合作社自己的品牌，0 表示没有品牌）、信息平台建设情况（info，3 表示完善，2 代表一般，1 表示不完善）。

（2）合作社的治理情况。主要选取合作社的账务情况（account，1 表示有规范的账目，0 表示没有）、成员召开情况（meeting，用每年召开的次数表示）。

（3）合作社的公共关系情况。主要选取政府支持（government，1 表示有政府扶持，0 表示没有）和与高校的合作（college，1 表示有与高校的合作，0 表示没有）。

（4）合作社提供的服务情况。主要选取社员接受的培训情况（training，一年接受的培训次数）。

同时为了更好控制农户个人特征的影响，我们还选取了一组农户特征控制变量，主要包括农户的性别（sex）、年龄（age）、生产规模（scale）、社会资源（social）等。

各变量的描述统计如表 5 - 10 所示。

表 5 - 10　　　　　　合作社成员获得培训情况统计

变量名称	观察值个数	均值	标准差	最小值	最大值
y	298	78051. 34	82604. 71	8000	700000
sex	298	0. 778524	0. 415939	0	1
age	298	42. 5	8. 780622	23	70
scale	298	2. 033557	0. 700323	1	3
social	297	1. 888889	0. 6296	1	3
spon	298	0. 667785	0. 4718	0	1
brand	298	0. 620805	0. 486003	0	1
information	298	1. 855705	0. 726588	1	3
account	298	0. 959732	0. 196919	0	1
meeting	297	2. 286195	2. 23204	0	12
government	298	0. 771812	0. 42037	0	1
college	298	0. 45302	0. 498625	0	1
training	298	6. 38255	6. 943832	0	45

5. 1. 3. 3　回归结果及解释

这里我们选取多元线性回归模型。其中 X_1 到 X_5 分别表示控制变量、合作社自身情况、合作社治理情况、合作社公共关系情况以及合作社提供服务情况等。

$$Y_i = \beta_0 + \beta_1 X_{1i} + \beta_2 X_{2i} + \beta_3 X_{3i} + \beta_4 X_{4i} + \beta_5 X_{5i} + \varepsilon_i$$

回归结果如表 5 - 11 所示。

表 5 -11 回归结果

解释变量/控制变量	被解释变量 y			
	(3)	(4)	(5)	(6)
sex	19400 *	20929 *	22867 **	22867 **
	(10795)	(10728)	(10740)	(10643)
age	- 1053 **	- 1083 **	- 1207 **	- 1225 **
	(499.1)	(495.7)	(497.7)	(493.3)
scale	32852 ***	31065 ***	32540 ***	28952 ***
	(7253)	(7241)	(7330)	(7405)
social	16541 **	18821 **	18236 **	18262 **
	(8020)	(8022)	(8017)	(7945)
spon	14916	8749	1522	15891
	(9916)	(10167)	(10740)	(12108)
brand	37670 ***	49654 ***	52404 ***	51484 ***
	(9652)	(10864)	(13274)	(13159)
information	12056 *	17056 **	18460 **	18040 **
	(6350)	(6749)	(7774)	(7706)
account		54554 **	54667 **	52192 **
		(23816)	(25131)	(24924)
meeting		2799	2207	1388
		(2183)	(2207)	(2212)
government			-2131	-7596
			(14518)	(14554)
college			19502 *	4371
			(10106)	(11715)
training				1973 **
				(792.7)
Constant	813.7	- 55949	- 56068	- 54787
	(28998)	(36871)	(38507)	(38163)
Observations	297	296	296	296
R-squared	0.212	0.231	0.242	0.258

注：括号中为标准差，*** p < 0.01，** p < 0.05，* p < 0.1。

从回归结果中，可以得到如下结论。

（1）家庭生产经营规模越大，家庭年收入越高且收入增加越多。从模型拟合的回归系数我们可以看出：家庭生产经营规模越大，收入增加越多。这里的生产经营规模包括产量、承包土地规模等。由此可见，在合作社中生产、运销大户所占优势是很明显的，他们拥有的土地规模比一般农户要大，产量也高。从规模经济学的角度来看，只有当企业或是组织在前期随着规模的增长收益会不断增多，当达到一定的规模时收益最大。所以对于普通农户家庭来说，随着自身产量、承包土地规模的扩大，年均收入的增长也会增多。

（2）社会资源越多，家庭年收入越高。人都具有社会属性，一个人的社会网络越广，社会资源越多，其谋取收入的方式或渠道也就更多，从而增加收入的机会也就越大。这一点，在前面有关入社的收入效应中已经得到了证明。

（3）合作社自身建设效果越好，家庭收入也就越高。这一点基本印证了假设 1 的论断。从农业发展的现实看，农民目前主要面临销售的难题。这一方面是因为缺乏稳定的销售渠道；另一方面也源于传统农业生产者营销意识的缺失。农民一般不会进行主动营销，或没有能力进行营销，因而农产品主要集中在当地销售，这样一来特别容易受到当地需求变化的影响。从某种意义上说，任何产品都需要营销，现代社会发展迅速，人们的工作生活节奏十分紧张，普通人没有足够的时间和充足的能力去一一遴选市场中的产品。这时就需要发挥营销的作用，而其中品牌营销至关重要。所以要摒弃"好酒不怕巷子深"的思想，要提高营销意识，主动营销。建立合作社自己的品牌，是非常重要的一个途径。品牌往往代表着一种质量的保证，可以快速给消费者传递信号，从而促进消费者尽快决策。

同时，也可以发现，信息渠道建设的好坏也会对农民收入产生影响。信息渠道越健全，农民获取的信息越多，从而在生产中就越处于有利地位。

但回归结果没有证实发起人特征对农民收入的影响，这或许是因为当前（问卷调查时）农民专业合作社整体建设还比较滞后，合作社发展的历史也较短，发起人特征对合作社运行的短期影响还不显著，但从长远来看，合作社发起人的个人特质还是会对合作社的有序运行产生重要的影响。

（4）合作社的治理状况对农民收入有显著影响。假设 2 得到了部分的证实。回归结果表明，合作社财务账目的健全状况，显著地影响着农民收入的增长。合作社是一个"民办、民管、民受益"的组织，其治理必须民主、公开、透明，接受广大社员监督，这样合作社才可以有序健康发展，否则，容易出现各种不利于社员的情形，甚至出现合作社被少数人控制并为小团体谋利，农民难以从中受益。

（5）合作社的外部公共关系对农民收入增长的影响不甚显著。假设3基本没有被证实，这一点出乎意料。回归结果发现，政府是否扶持，对农民收入的影响不显著。在没有引入农民接受培训次数的变量之前，与院校合作还在10%的水平上，但引入之后，变得不再显著。这或许可以从另外一个层面去解释，即外在的支持与合作，能否真正转换为社员收入增加，需要的是合作社内在运行质量的提高。当然，这一点也有赖于持续关注。

（6）入社以来接受的培训次数越多，社员家庭年收入越高。完全证实了假设4。回归模型结果显示，农民入社以来接受的合作社组织的培训次数越多，家庭年收入越高。合作社社员与非合作社农户之间的差异在于：加入合作社的农民可以接受合作社定期组织的技术指导和培训，收获及时的农资与农产品购销信息以及贷款和保险服务，让农户了解更多的贷款知识和政府优惠政策，便于农户筹集生产资金来扩大自己的生产规模，利用政府优惠来降低自己的生产成本。所以培训在增加合作社家庭收入方面的作用是很明显的。接受培训次数越多，农民收入会越高。

5.2　社员的满意度分析

满意度分析基于对合作社社员进行的问卷调查，对如下问题进行探讨：入社农民对合作社的总体评价如何？哪些因素影响他对合作社的总体评价？研究影响社员对农民合作社评价的因素，对于促进社员与合作社之间的合作行为，促进农民专业合作社健康发展，提高社员的满意度，具有重要的理论与现实意义。

5.2.1　变量与数据描述

被解释变量是合作社社员对该合作社的总体评价（y，1-10），解释变量包括如下几类。

（1）社员的人口社会学特征，包括年龄（age）、性别（sex，1 为男性，0 为女性）、教育背景（education，1 为文盲，2 为小学，3 为初中，4 为高中，5 表示大专及以上）、生产规模（scale，1 表示较小，2 代表一般，3 表示规模较大）、出资规模（fund，1 表示少，2 表示一般，3 表示多）。

（2）合作社自身建设特征，包括发起人特征（spon，1 表示由农村能人和种植大户发起，0 表示其他主体发起）、品牌建设情况（brand，1 表示有合作社自己的品牌，0 表示没有品牌）、信息平台建设情况（info，3 表示完善，2 代表一般，1 表示不完善）、合作社建设级别（level，1 表示示范社，0 表示非示范社）。

（3）合作社的治理情况。主要选取合作社的账务情况（account，1 表示有规范的账目，0 表示没有）、成员召开情况（meeting，用每年召开的次数表示）。

（4）合作社的公共关系情况。主要选取政府支持（government，1 表示有政府扶持，0 表示没有）和与高校的合作（college，1 表示有与高校的合作，0 表示没有）。

（5）合作社提供的服务情况。主要选取社员接受的培训情况（training，一年接受的培训次数）。

（6）社员对合作社的认知情况，主要包括对章程的了解情况（knowledge，1 表示不了解，2 表示一般，3 表示很了解）、对合作社机构设置的认识情况（unit，1 表示不完善，2 表示一般，3 表示完善）、对合作社盈利能力的预期（profit，1 表示差，2 表示一般，3 表示好）。

变量的描述统计如表 5 - 12 所示。

表 5 - 12　　　　　　　　　　变量描述统计

	变量名称	观测值个数	均值	标准差	最小值	最大值
被解释变量	y	299	8.404682	1.336169	4	10
	age	299	42.48495	8.769739	23	70
社员人口社	sex	299	0.779264	0.415438	0	1
会学特征	edu	299	2.923077	0.899722	1	5
	scale	299	2.036789	0.701378	1	3
	fund	288	1.920139	0.711193	1	3

	变量名称	观测值个数	均值	标准差	最小值	最大值
合作社自身 建设特征	spon	299	0.668896	0.471399	0	1
	brand	299	0.622074	0.485682	0	1
	info	299	1.859532	0.72838	1	3
	level	299	0.812709	0.390799	0	1
合作社治理 情况	account	299	0.959866	0.196602	0	1
	meeting	298	2.288591	2.228663	0	12
合作社公共 关系情况	govern	299	0.772575	0.419872	0	1
	college	299	0.45485	0.498792	0	1
合作社提供 服务情况	training	299	6.411371	6.950062	0	45
社员对合作 社认知	knowledge	299	2.073579	0.676502	1	3
	unit	299	2.451505	0.613185	1	3
	profit	299	2.421405	0.702113	1	3

5.2.2　模型与回归

当因变量是一系列离散值的时候，根据取值之间有没有等级关系，可以分为有序和无序两种类型。对于有序的离散值的因变量在计量时有一类专门的模型来处理，即有序概率模型。有序因变量和离散因变量不同，在这些离散值之间存在着内在的等级关系。如果直接使用 OLS 估计法的话，会失去因变量序数方面的信息而导致估计的错误。对于本书社员对合作社总体评价来说，被访者打分区间为 1 ~ 10。从评价程度上看，分数越高，评价越好。从模型设定来说，使用有序概率模型比使用普通的多项式模型或二值响应模型能够更充分地利用数据中的信息。用有序 Probit 模型处理多类别离散数据是近年来应用较广的一种方法（Wooldridge，2001）。关于 y 的有序 Probit 模型可以从潜变量模型中推导出来（Williams，2006）。假定潜变量 y^* 是由下式决定：

$$y^* = \beta X + \varepsilon$$

式中，y 为被解释变量，在 [0，10] 上取值；X 为解释变量；β 为 X 的系数，是待估计参数；ε 表示残差项，ε 对变量 X 的条件分布假设为标准正态分布，即 $\varepsilon \mid X \sim Normal(0，1)$，设 α_i 为未知的分割点，则：

$y=0$ 如果 $y^* \leqslant \alpha_1$；$y=1$ 如果 $\alpha_1 < y^* < \alpha_2$；$\cdots y=j$ 如果 $y^* > \alpha_j$

$y=0$，1，2$\cdots$的概率分别为：

$\text{Prob}(y=0 \mid X) = \text{Prob}(y^* \leqslant \alpha_1 \mid X) = \text{Prob}(\beta X + \varepsilon \leqslant \alpha_1 \mid X) = \Phi(\alpha_1 - \beta X)$

$\text{Prob}(y=1 \mid X) = \text{Prob}(\alpha_1 < y^* < \alpha_2 \mid X) = \Phi(\alpha_2 - \beta X) - \Phi(\alpha_1 - \beta X)$

$\text{Prob}(y=j \mid X) = \text{Prob}(y^* > \alpha_j \mid X) = 1 - \Phi(\alpha_j - \beta X)$

这里 Φ 为标准正态分布的累积密度函数，系数 β 和分割点的值可以使用极大似然方法估计出来。

使用 STATA 软件对上述模型进行估计，估计结果如表 5 – 13 所示。

表 5 – 13　　　　　　　　　　社员满意度回归结果

	解释变量	被解释变量：社员满意度打分
社员人口社会学特征	age	0.0201 ** （0.00889）
	sex	− 0.0236（0.164）
	edu	0.0318（0.0869）
	scale	0.0257（0.121）
	fund	0.0155（0.116）
合作社自身建设特征	spon	0.331 *（0.190）
	brand	0.0284（0.214）
	info	− 0.226 *（0.130）
	level	0.684 ***（0.223）
合作社治理情况	account	0.951 **（0.453）
	meeting	0.0508（0.0449）
合作社公共关系情况	govern	0.0736（0.232）
	college	0.00728（0.182）
合作社提供服务情况	training	0.0307 **（0.0137）
社员对合作社认知	knowledge	0.180（0.131）
	unit	0.465 ***（0.135）
	profit	0.828 ***（0.109）
	Constant cut1	0.569（0.839）
	Constant cut2	1.830 **（0.800）
	Constant cut3	2.533 ***（0.800）
	Constant cut4	3.201 ***（0.805）
	Constant cut5	4.109 ***（0.811）
	Constant cut6	5.608 ***（0.829）
	Observations	287
	Pseudo R2	0.2073

注：括号中为标准差，*** $p < 0.01$，** $p < 0.05$，* $p < 0.1$。

估计结果显示，社员年龄、合作社发起人特征、信息平台完善程度、合作社建设层次、会计账目健全程度、社员接受的合作社组织培训次数、社员认为的合作社盈利能力以及对合作社机构设置的认识程度有显著影响。

由于有序 Probit 模型自身的特点，上述变量的系数并不能说明该变量对社员评价影响程度的大小，甚至系数的符号也只能说明该变量对社员对满意度打分高或低概率的影响方向，而不能说明对中间选择的影响方向。为了进一步了解各变量对社员评价合作社满意度得分高低，需要计算各个变量的边际贡献，即在其他变量取均值时，该变量变动 1 个单位对某项选择的概率的影响值。

解释变量边际贡献的结果如表 5 – 14 所示。

表 5 – 14　　　　　　　社员满意度回归分析的边际效应

	$y=4$	$y=5$	$y=6$	$y=7$	$y=8$	$y=9$	$y=10$
age	– 6.67E-06	– 0.00034	– 0.00123	– 0.00264	– 0.0036	0.004256	0.003571
sex	7.63E-06	0.000394	0.001431	0.00308	0.004249	– 0.00494	– 0.00422
edu	– 0.0000105	– 0.00054	– 0.00195	– 0.00417	– 0.0057	0.006727	0.005643
scale	– 8.51E-06	– 0.00044	– 0.00157	– 0.00337	– 0.0046	0.005429	0.004554
fund	– 5.14E-06	– 0.00026	– 0.00095	– 0.00204	– 0.00278	0.003282	0.002753
spon	– 0.0001419	– 0.00654	– 0.02217	– 0.04483	– 0.05576	0.074522	0.054915
brand	– 9.55E-06	– 0.00049	– 0.00175	– 0.00374	– 0.00508	0.006046	0.005024
info	0.000075	0.003838	0.01387	0.029691	0.040535	– 0.04786	– 0.04015
level	– 0.0006015	– 0.02052	– 0.05767	– 0.09844	– 0.09029	0.174453	0.093077
account	– 0.0000955	– 0.006424	– 0.02911	– 0.080883	– 0.181765	0.0342	0.26408
meeting	– 0.0000168	– 0.00086	– 0.00311	– 0.00666	– 0.0091	0.010741	0.00901
govern	– 0.0000263	– 0.00131	– 0.00465	– 0.00978	– 0.01295	0.015993	0.012726
college	– 2.41E-06	– 0.00012	– 0.00045	– 0.00095	– 0.0013	0.001537	0.001291
training	– 0.0000102	– 0.00052	– 0.00188	– 0.00403	– 0.0055	0.006499	0.005452
knowledge	– 0.0000596	– 0.00305	– 0.01101	– 0.02358	– 0.03219	0.038008	0.031883
unit	– 0.0001541	– 0.00788	– 0.02849	– 0.06098	– 0.08326	0.098305	0.082463
profit	– 0.0002744	– 0.01404	– 0.05075	– 0.10863	– 0.14831	0.17511	0.14689

5.2.3　结果分析

从回归结果中可以发现如下结论。

5.2.3.1　社员基本情况特征变量中唯有年龄变量显著

根据回归模型的输出结果，我们发现年龄越大对合作社的满意度评价越高，年龄每增长 1 岁，满意度得分在 9 分以上的概率增加 0.426% 和 0.357%。这可能是因为年龄越高，阅历越广，生产销售经验越丰富，认识更宏观、更客观理性，对合作社的运营及绩效认识更明晰、透彻，对合作社的各项决策比较支持，因此对合作社的满意度也越高。农民专业合作社作为一种以提高农民生产效率、增加收益、降低成本的组织，年龄大的农民对其评价也越高。同时，计量结果也显示，性别、学历、家庭生产规模、家庭年收入、在合作社中的出资额等变量对合作社的影响不显著。

在许多文献中，研究者认为社员的学历对合作社满意度评价有显著影响，但是本研究的实证分析中学历因素并不显著，这一点在前面的实证分析中都有类似的发现，这里不再赘述。

5.2.3.2　社员对农村能人领办的合作社比对其他主体领办的评价高

从回归结果可以看到，社员对农村能人（含种植大户）领办的合作社比其他主体（包括龙头企业、政府部门或普通农民）领办的合作社评价高。这种现象出现的原因可能在于"利益关系"和"道德风险"。不同类型合作社内部利益关系类型不同。农村能人与社员具有"同质性"，有共同的需求，共同的利益；而龙头企业一般是与农民有产品供销关系的"利益（买卖）相对人"，成立合作社固然体现了它们具有共同利益的一面，但在内部又具有不同的利益最大化目标。正因如此，龙头企业更容易发生道德风险。而基于社区纽带的农村能人创办的合作社组织，其发生道德风险的概率相对较低，因为，我国农村社会关系取向在长期发展中形成并带有"熟人信任"的特征，这种以社区关系为基础的"特殊信任"是中国农民走向合作的行动逻辑基础，合作组织的负责人会给予"声誉"极大的权重。

5.2.3.3　合作社的级别会影响社员的满意度评价

从解释变量边际贡献表中可以看到，合作社如果建成示范性合作社，社员对满意度打分在 9 分以上的概率就会增加 17.45% 和 9.31%。这说明社员满意程度与合作社的整体建设是息息相关的，合作社等级越高，说明合作社建设的效果越好，社员自然也更加满意。但令人意外的是，合作社的品牌建设对社员的满意度没有显著影响。

5.2.3.4　合作社内部治理质量也影响社员评价

合作社拥有规范的财务记录，其对合作社的满意度得分为9、10的概率比不能查阅合作社会议记录财务状况高3.42%、26.41%，出现这种现象的可能原因在于：一方面社员的"权利"意识增强，参与民主管理的观念较强，希望能查阅合作社会议记录财务状况；另一方面，各位社员虽在服务需求上具有同质性，但在经营规模、资源禀赋乃至对合作社的贡献则有所不同，在合作社治理框架内兼顾负责人和经营者、出资多者与出资少者等各类主体的利益，并使利益分配透明化，避免内部人控制，是赢得个体高评价的诱因之一。

5.2.3.5　合作社提供的服务情况影响社员评价

回归结果显示，入社以来接受的合作社组织的培训次数越多，社员对合作社满意程度越高。社员接受的培训次数每增加1次，满意度评价得分在9分以上概率增加0.65%和0.55%。社员加入合作社的基本动因是为了获得经济利益，农民专业合作社提供服务活动，定期组织的生产销售培训，不仅针对社员，还包括对合作社管理人员的培训。这种方式就是社员通过集体行动来实现成本降低、分享合作剩余的过程。提供生产资料供应、技术培训、统一销售产品等产前、产中、产后服务是绩效水平较高的合作社必备的条件之一。

5.2.3.6　社员对合作社的认知对满意度评价产生重要影响

其一，社员认为的合作社机构设置越完善，他们对合作社越满意。回归结果显示，社员对合作社机构设置评价为"完善"的概率每增加1个单位，满意度得分在9分以上的概率分别增加9.83%和8.25%。农民专业合作社通常可以有以下机构：成员大会、成员代表大会、理事长或者理事会、执行监事或者监事会、经理等。因为农民专业合作社的规模不同、经营内容不同，设立的组织机构也并不完全相同，《农民专业合作社法》对某些机构的设置不是强制性规定，而要由合作社自己根据需要决定。合作社机构越完善，其人力、物力及信息等各种要素的调配使用更有效率，产品市场占有份额越大，合作社在对外谈判中会处于越有利的地位，合作社进入市场的通道愈加畅通，合作社为社员提供技术服务、销售服务的交易成本越低。完善的合作社机构设置会给社员增收带来正效应，这样合作社更能够得到农户的支持，满意度越高。

其二，合作社盈利能力越高，社员对合作社的满意程度越高。农民加入专业合作社最看重的是合作社的盈利能力，盈利与满意度评价是高度相关的。回归结果显示，社员对合作社盈利能力预期好的概率每增加 1 个单位，满意度得分在 9 分以上的概率分别增加 17.51% 和 14.69%。

第6章

中国农民专业合作社合作机制
存在的问题及原因

经过一段时间的发展，我国的农村专业合作社积累了一定经验，越来越具有目的性以及前瞻性，少了很多的盲目；不仅如此，已经有些合作社具备了较高的水平，对"三农"问题的解决尤其农民利益的保障发挥了重要作用。然而目前从总体上而言，由于固有的传统体制影响等原因，我国的农民专业合作社水平还不够高，合作机制也还存在着一系列的问题，突出地表现为以下几个方面。

6.1 合作初衷异化，创办目的有偏差

6.1.1 合作社以获取扶持政策为首要目标

尽管我国农民专业合作社的发展速度很快，数量不断增加，业务种类不断完善，但总体上看，我国的农民专业合作社还处于初始发展阶段，还需要动员全社会各方面力量对合作社的建设和发展给予扶持和服务。为此，《农民专业合作社法》规定，国家通过财政支持、税收优惠和金融、科技、人才的扶持以及产业政策引导等措施，促进农民专业合作社的发展。其中，土地流转优惠、税收优惠、用电用水优惠以及财政补助是最常见的支持政策。财政补助是国家为扶持某些产业拿出专项资金，扶持资金力度大，覆盖范围相对较小，需要在项目通知后申报争取。目前，我国对农业的专项扶持比较多，如农业综合开发贷款贴息项目，要求单笔贷款不

低于 100 万元，不高于 6000 万元；农业综合开发产业化经营项目、土地治理项目，扶持资金 80 万 ~ 160 万元；规模化养殖场、养殖小区、集中供气等沼气工程项目，扶持资金 20 万 ~ 80 万元；"菜篮子"产品生产扶持项目，扶持资金 100 万元左右；农业综合开发产业化经营项目财政补助项目、龙头企业带动产业发展和"一县一特"产业发展试点项目，扶持资金龙头企业 100 万 ~ 300 万元，合作社 50 万 ~ 150 万元。案例 6 - 1 是广元市昭化区农业综合开发办公室关于 2016 年国家农业综合开发产业化经营财政补助的相关通知，对农民专业合作社的财政补助最高可达 140 万元（见案例 6 - 1）。

案例 6 - 1

广元市昭化区农业综合开发办公室关于申报 2016 年国家农业综合开发产业化经营财政补助项目的公告

根据省农业综合开发领导小组办公室《关于做好 2016 年国家农业综合开发产业化经营项目财政补助项目申报工作的通知》，为切实做到公开、公平、公正、科学选项，经区政府分管领导同意，结合我区实际，现将项目申报的有关事项公告如下。

一、扶持对象

符合条件的农民专业合作社、专业大户、家庭农场或农业社会化服务组织。

二、扶持范围及申报指标

项目主要扶持猕猴桃和水产两大产业，扶持对象主要包括专业大户、家庭农场、农民专业合作社等新型农业经营主体。根据省农发办下达的控制指标，我区计划申报农民专业合作社项目 3 个，专业大户、家庭农场或者农业社会化服务组织项目 3 个。

三、主要政策

（一）扶持方式

项目主要采取财政补助方式进行扶持。

（二）扶持额度

1. 对专业大户、家庭农场的财政补助资金不得高于其自筹资金（不含银行贷款，下同），且单个专业大户或家庭农场的补助额度不高于 70 万元。

2. 对农民专业合作社的财政补助资金不得高于其自筹资金，且单个农民专业合作社的补助额度不高于140万元。

（三）项目财政补助资金的补助环节

1. 种植基地建设所需的灌排设施、农用道路、输变电设备及温室大棚，种苗繁育、品种改良，植保设施，质量检测设施，新品种、新技术的引进、示范及培训等。

2. 农产品加工项目所需的生产车间、辅助车间、包装车间、成品库、原料库、低温库、加工设备、辅助设备及配套的供水、供电、道路设施；质量检验设施，废弃物处理等环保设施，卫生防疫及动植物检疫设施等。

3. 农产品产地批发市场、储藏保鲜项目所需的气调库、预冷库、低温库、设备购置安装及配套的供水、供电、道路设施，产品质量检测设施，卫生防疫及动植物检疫设施，废弃物配套处理设施，农产品产地批发市场的交易场所建设等。

财政补助资金实行"先建后补"，重点用于解决制约生产发展的关键环节，不得分散补助在各个环节。

（四）自筹资金比例

项目单位自筹资金不低于申请财政补助资金总额。

四、立项条件

（一）项目基本条件

1. 符合全区农业综合开发扶持农业优势特色产业规划。

2. 资源优势突出，区域特色明显。

3. 市场潜力较大，辐射带动能力强，显著带动农民增收，预期效益好。

4. 建设方案先进科学，产品技术和工艺路线合理。

5. 项目建设符合生态环境保护和资源节约利用要求，有利于促进农业可持续发展。项目产生的污染物排放符合国家环保要求，获得相关环保部门的审核或批复；农业面源污染能得到有效治理；农业生产废弃物能得到有效利用；能够确保水资源安全和可持续利用。种养业生产过程减少农药、化肥、添加剂等投入品使用，符合相关农业生产规范要求；产品质量安全可靠，达到相关农产品质量安全要求。

6. 投资估算合理，自筹资金来源有保障，筹资方案可行。

7. 土地流转用地或项目建设用地手续合法。

8. 优先扶持拟实行"先建后补"管理方式的项目。

（二）项目单位条件

1. 农民专业合作社。2013 年 12 月 31 日以前在工商部门登记注册，取得法人资格；原则上成员数不低于 60 户（农民成员不低于 80%），农民出资入股额比例不低于 51%；净资产不低于申请财政补助资金总额；具有良好的诚信记录，具备相应的项目建设和经营管理能力；符合《农民专业合作社法》有关规定，产权明晰，章程规范，运行机制合理；持续经营 1 年以上，经营状况良好，财务管理比较规范；优先扶持运营规范、规模较大和示范带动作用强的合作社。

2. 家庭农场。（略）

3. 其他新型农业经营主体。（略）

五、不予受理的项目及单位（略）

六、项目申报要求（略）

七、绩效考评

为充分发挥财政资金的使用效益，区财政局（农发办）将会同区农工委、区农业局对享受财政补助资金扶持的新型经营主体的项目实施情况进行竣工验收和绩效考评，根据验收考评结果确定补助资金额度。

（一）对农民专业合作社考评

1. 合作社为成员统一配送农业投入品的比例达到 85%，统一销售主产品的比例达到 85%，统一培训的次数达到每季度 1 次，标准化生产的比例达到 90%。

2. 对财政补助资金形成资产中划出 20% 设立贫困户优先股量化给贫困户，其余 80% 的作为一般股再量化给所有成员。

3. 合作社成员对合作社的满意度达到 90% 以上。

4. 示范带动非成员户的户数达到成员户数的 30%。

（二）对家庭农场、专业大户的考评：（略）

八、其他事项（略）

广元市昭化区农业综合开发办公室
2015 年 11 月 24 日

案例来源：广元市昭化区门户网，http://www.zhaohua.gov.cn。

近年来，国家对农民专业合作社的财政支持力度逐渐增大，财政补助的规模也相当可观。持续的财政补助，增大了合作社的经济实力，增强了合作社的经营能力，从而为农民收入增加提供了可能和持续动力。但从现实的调查来看，也存在个别合作社弄虚作假的情形，有的合作社是为了争取国家的优惠政策，取得国家重大项目的资金或征地方面的便利，有的合作社是为了取得融资和贷款方便的支持，有的合作社故意编制虚假材料以套取国家专项补助，甚至有的合作社根本没有任何经营行为，只为"骗补"而生，成为"空壳社"（见案例6-2、案例6-3）。

案例6-2

专为骗补而生的农民专业合作社

山东某合作社注册时间为2010年8月，其成立动机是该合作社理事长看到其他村有的合作社获取了项目资金支持，便模仿别人做法到工商部门登记注册了一个合作社，希望也能获得政府财政补助。合作社共有25名成员，注册资金共2500元，办公地点就在理事长家。调研时发现，其营业执照被放在角落里，没有见到章程、组织机构图等；合作社成立后没有开展任何业务，也没有召开任何成员大会、理事会等；成员不知道合作社的具体名称，也不知道自己是合作社的成员。这样的合作社只是一个"空壳"，"只为骗补而生"。

案例来源：作者实地调研。

案例6-3

合作社重复包装项目骗取财政资金被移送

2014年5月，三门县审计局在财政涉农资金专项审计调查中发现，某农民专业合作社同一项目经不同部门重复申报立项，涉嫌骗取财政专项资金被移送检察部门立案调查。

2010年，该合作社向环保部门申报大型沼气项目财政补助，项目总投资220万元。经省财政厅、环保厅批复，下达中央财政补助资金55万元，款项于2011年1月拨付。该项目至审计日尚未完工。2011年，该合作社又向农业部门申报大型沼气项目财政补助，项目总投资295万元。2012年，经省财政厅、发改委、农业厅批复，下达中央财政补助资金74万元。2014年1月，县财政已拨付35万元。审计调查中发现，该合作社向环保部门和农业部门二次申报的项目建设内容基本相同，且第二次申报项目伪造了虚假招标文件。

深入分析原因发现：一是根据国家现有相关政策规定，环保和农业部门都有涉农大型沼气项目开发利用和管理职能，存在职能交叉和多头管理现象；二是职能部门之间缺少沟通协调，项目信息没有充分共享；三是职能部门在项目申报审核时，把关不够严格，后期也缺少有效监管。

案例来源：泰州市审计局政务网站，http://www.tzsjj.gov.cn/。

6.1.2　合作社异化为非法集资的平台

前面已经介绍过农民专业合作社的分类，其中有一类基于信用的合作社，在实际运行中主要以农民资金互助社的名义运行。但从政府批复的运营资格中，明确将资金互助社的运营范围限定在合作社内部，"对内不对外""吸股不吸储"，即资金互助社的资金来源于社员缴纳的股金，资金投放只能投向内部社员。但近年来，合作社在发展过程中其变异的问题逐渐凸显，并在全国各地蔓延开来，使得农民专业合作社难以真正实现为农民谋利益，反而将合作社的正常运营秩序打破，合作社也异化成为非法集资的载体。

合作社非法集资的运作途径大致相同。首先都是以合作社投资新项目的名义，如研发新品种、新建大棚基地、组建运输队等，打着入社自愿、退社自由的旗号，印发宣传材料，带领农民现场参观，以高于银行利息的收入为诱饵，再辅之熟人介绍，向农民吸收存款。转身再以更高的利率将资金贷给合作社之外的单位或个人，或者贷给房地产开发商，甚至被合作社管理人员进行挥霍消费。而合作社要继续进行欺骗，则必须有源源不断的新成员加入。一旦资金链发生断裂，"拆东墙补西墙"难以为继时，合作社非法集资的面目就暴露无遗。这时，要么合作社负责人跑路，要么被公安机关抓获。但不管哪种情形，参加入社农民的利益都将受到损害，有的甚至是血本无归（见案例6-4）。

案例 6 -4

河北隆尧三地合作社非法集资案

2007 年 7 月 10 日，巩某海和刘某统发起成立三地合作社成，起初有 37 位农户参加，集资 6000 万元，巩某海为理事长。自 2007 年 7 月到 2013 年 6 月，三地合作社在河北全省融资资金总额达到 81.678 亿元，并建起

265 个服务站点，拥有 135168 户社员，并且活动范围已经不仅仅限于河北省内。

三地合作社非法集资的主要手段有两种。其一是高息揽储，最高时许诺 4 个月 30% 利息，一年 100% 利息。"比如你在三地合作社存 2 万元。以 4 个月为例，一年存 3 次，每次利滚利。第一次是 26000 元，第二次是 33800 元，第三次是 43940 元，也就是说，你在三地合作社放 2 万元，一年连本带利是 43940 元。"其二是吸收社员入股。合作社创办人员告诉农民，缴纳的入股金会在半年到一年之间返还至少两倍的数额，并且押金还会在一年内返回。"比如交了 860 元入股金加入合作社，会在半年到一年之内收到返还的 2000 元，缴纳 5000 元，在一年内返双倍数额，若是交一辆汽车的押金，合作社免费赠送社员一辆汽车，并且一年内返还押金。"

为了维护合作社的形象，三地合作社对社员提供免费的米面油及粉料，还对家庭中考上大学的子女提供学费的 60% 补助，并在地方建立专属医院，给社员提供每年两次定期体检服务。同时，合作社还编造一些虚假奖励，如"全国农民专业合作社示范社""国家重点保护单位 AAA 企业"等，不断为自己"创造"荣誉。但实际上，三地合作社并没有稳定的盈利方式，其资金流动模式是典型的"拆东墙补西墙"：在众多的社员中，将一个人的投入本金用来偿还另一个人的利息。从 2014 年 5 月起，三地合作社就出现了无法及时偿还利息，更无力退还本金的情况，遭到农民频频举报。并且最终由于其并没有真正可以盈利的有效项目，经过几年，明显出现越来越大的资金漏洞，毫无疑问导致崩盘。

案例来源：作者根据网络整理。

6.2　治理体系不畅，治理结构不佳

6.2.1　内部治理不科学，容易产生少数人控制现象

国家大力发展农民专业合作社的本意是将分散的农户集中起来，加强合作，通过合作联合共同实现更高的收益。但通过调查发现，事实上确实存在一些农民专业合作社违背了这一原则，而成为少数人控制或牟利的

工具。

正如之前所说，目前我国的农民整体文化程度不高，自主创新意识相对缺乏，所以合作社的创办主要依靠农村精英的推动，这些农村精英多为生产大户、村干部、企业家或一些"有识之士"，他们在农村拥有一定的社会基础、人脉资源或资金来源，他们大多是农民专业合作社的创始人。

有的合作社在有大户或者村干部等"精英人才"牵头创办之后，仍然由他们带头管理，这使得合作社的日常运转和经营管理等也都由这些少数人掌控。而普通社员大多都是小农小户，缺乏参与合作社管理的积极性，从而给少数"精英人才"控制合作社提供了空间和可能。

合作社的管理者与社员之间实际上是一种委托代理关系，如果少数人控制了合作社的日常运行，在其道德水准难以有效控制的情形下，容易产生合作社治理的道德风险，即合作社的控制人会利用信息的不对称，做出一些不利于合作社普通社员的行为。常见的有如下几种情形。

其一是利用合作社为自己谋利。调查中发现，一些控制合作社的少数人，他们往往会不经过广大社员的同意，基于自己的立场，用合作社共同的土地、资金技术等对外投资或参股，为自己谋取利益；或者利用合作社平台向自己的企业进行利益输送。

其二是控制合作社的盈余分配方案。合作社的性质决定了其可以有盈利，但利润分配的方案需要由合作社理事长向成员大会报告，在实现了少数人控制之后，合作社的盈余分配方案肯定会有利于实际控制人，从而损害普通社员的利益（见案例6-5）。

案例6-5

四川省DS县某水果专业合作社

四川省DS县某水果专业合作社就有明显的盈余分配问题。一方面很多普通社员自身对合作社的盈余分配以及相关决策程度不甚了解；另一方面，该水果合作社采取按股分红，对大股东投资回报率高，中小入股农户所得回报少，缺乏长久激励。该水果合作社的57名普通社员占有全社52%的出资额，一家涉农有限责任公司占20%，地方专业大户以及相关技术栽培人员、植保员分别占有11.33%、8.33%和8.33%，总共是48%的资产份额。而该社这种按股分红的投资回报模式使得合作社的绝大部分收益被前几名的大股东所占有，广泛的普通社员往往只能享受到合作社的一些优惠生产资料供应和一些技术指导、数量有限的二次返利。长期来看，这种方式不利于真正激发中小户农民入社的积极性以及在合作社内部出力的动力。

案例来源：作者根据网络整理。

6.2.2　外部治理不明晰，公共关系欠佳

农民专业合作社是农民自我组织和自我管理的一种形式，其不可避免地要与农村的村民自治组织——村民委员会发生关系。一般来说，农村的村委委员都是当地的精英人才，因此，如果村委会的成员同时也在当地合作社中承担部分管理工作，则合作社与村委会的关系相对会比较融洽。但反之，则容易出现二者相矛盾的现象。清华大学中国农村研究院（2013）在调查中发现，如果合作社与村委会的关系不融洽，则合作社在其运营发展中，经常受到当地村委会的排挤和猜忌，很多实际上很好的建议都遭受到反对和阻碍，导致合作社很多时候不能真正享受到国家政府提供的专门扶持政策和专项资金支持，由此在自身资金较为缺乏以及经营管理经验不足的情况下，最终难以获得当地大多村民的真心支持和拥护（见案例6-6）。

案例6-6

柴各庄合作社与村委会的利益冲突

柴各庄合作社的主要骨干是由老年协会的成员组成的。首先，老年协会的成员曾就村干部挪用公款问题进行上访，这引起了当地村委会对于合作社的不满，所以合作社和村委会的关系芥蒂已深。其次，该村不仅有老年协会，也有文艺队，文艺队的很多骨干是村干部。在商议二者合并成立合作社的过程中，文艺队坚决反对。后来，文艺队的骨干另起炉灶，建立了柴各庄第二个合作社，但是有名无实，实际没有开展任何活动，使得柴各庄合作社和村委会的关系雪上加霜。为此，现任柴各庄合作社理事在积极向上级政府请示建立合作社党支部，增强合作社的合法性，减少村委会对于合作社发展的制约。虽然国家出台了相关政策支持，但是据负责人介

绍，申请进程非常不顺利，乡政府是不支持的。另外一个村庄合作社的监事长表示，一些假的合作社通过贿赂等不正当方式拿走了国家给予合作社的资金补助，而真正的合作社由于要做到财务公开，没有办法进行不正当活动。

案例来源：清华大学中国农村研究院：《用纯净眼光看中国农村——清华大学中国农村研究院"百村调查"成果汇集》，中国发展出版社 2013 年版。

此外，合作社还要处理好与政府的关系。《中华人民共和国农民专业合作社法》的实施，对于提高农民的组织化程度和市场竞争能力，提高标准化生产规模和农产品品质，便于农民更直接有效享受国家扶农政策和社会技术信息服务，构建现代农业体系以及与国际惯例接轨等都具有重要的现实意义。农民专业合作社的概念和性质决定了其是弱者联合，不仅反映在经济基础上，还反映在配套法规保障、农民思想文化素质、市场道德价值观念、科学合理规章制度等各个方面。所以同发达国家的农业合作社相比，我国的农民专业合作社在服务功能、组织规范、经济实力、社会地位等方面都有很大的差距。因此，合作社的创办与发展，离不开政府的帮助和支持。从宏观上看，中央政府为我国农村合作社的发展提供良好政策背景以及法律支撑；各省市政府主要负责合作社的人才队伍培养建设以及重点任务把控；基层政府在当地则做好宣传以及资金扶持等工作。总的来说，政府在合作社的创建以及发展中应当主要履行好下列四项职责：政策引导、依法管理、服务支持以及登记许可，为农民的合作社发展提供支持。

但在实际调研中发现，当前在农民专业合作社的建设和发展中政府定位存在三种不好的情形。其一是有些地方的组织和领导对发展农民专业合作社的重要性、必要性和紧迫性的认识不足，不重视专业合作社的组织发展，放任自流的情况比较明显；表现在措施不多、工作不实、指导不够，舆论宣传和培训引导远远跟不上发展的需要，群众对农民专业合作社的性质、作用、组建方式等基本知识缺乏了解，影响了发展。其二是个别地方政府没有正确把握农民专业合作社的性质和发展原则，想急于改变农民境遇，自己作了主办人和控制者，一些地方政府还出现"揠苗助长"的行径，盲目追求高指标高绩效，工作激进，包办过多，管了不该管的事，以致政府介入过深，行政干预色彩过浓，而该管的诸如引导、规范管理、加强扶持和监督等则管得较少，农民真正得到的实惠不多。^① 其三是个别地方的组织和领导应付上级安排，甚至沽名钓誉，只在形式上组建合作社，一涉及具体资金、人才、技术、项目等实际问题时就踢"皮球"。

6.3 合作效果有待进一步提高

6.3.1 合作社生存动能不足

农村专业合作社成立的根本初衷是提高农民收益。散户的生产规模小、获得的市场信息少、不能足够应对市场风险。因此农民自己合作起来创办合作社，实现规模化生产经营共同获利。但是在发展过程中，一些合作社在成立后的运行中遇到较大困难，并未能真正实现原本的目的，农民的收益并没有获得实质性的提高，进而也导致合作社的生存动能明显不足（见案例 6 - 7）。

案例 6 - 7

一个农业合作社"散伙"的背后

在四川凉山州西昌市丘陵村，种植樱桃是当地传统，但长期以来，村民们一直为卖樱桃发愁。人背马驮走泥巴路还卖不上价，祖祖辈辈靠此营生，但只是卖个"油盐钱"。

2004 年，四川凉山州西昌市首家农民专业合作社——茅坡水果专业合作社挂牌成立，潘世云任理事长，20 多户社员各以 100 元入社。"合作社做的第一件事情，就是把茅坡樱桃推向市场。"潘世云告诉半月谈记者，市供销社帮助联系，把樱桃直接送进西昌市最大的超市，当时村民们还不知道这叫"农超对接"，但他们看到了实实在在的收益，樱桃价从原来的

---

① 比如，根据新华 2010 年 2 月 9 日报道，2010 年山西省将启动实施农民专业合作社"358"示范行动，重点扶持 300 个省级示范社、500 个市级示范社、800 个县级示范社，推动农民专业合作社做大做强。按照计划，2010 年这个省合作社在行政村的覆盖面将达到 70%，2011年达到 80%，2012 年达到 100%，3 年内实现全省行政村全覆盖。

1 元 1 斤卖到 8 元 1 斤。这时，潘世云决定举办樱桃采摘活动，吸引游客上山。

当年 4 月，首届茅坡樱桃采摘异常火爆，活动很成功，不仅樱桃卖得好，土豆、花生的销量也跟着上去了。加上农家乐收入，合作社社员增收了数万元。入社好处看得到，4 月底，合作社社员增加到 38 户。此后，最多时达到 66 户。

2007 年，合作社经营转向了酿樱桃酒和养樱桃鸡。为了筹集资金，合作社将每股股金提高到 2000 元，当年筹资 14.2 万元。在当年樱桃节开幕之前，合作社和西昌某酒厂合作生产了 500 套樱桃酒，分发给社员销售。但合作社卖的樱桃酒和社员自家酿制的樱桃酒存在竞争，销售自家酒明显利润更大，樱桃酒销售不理想。

2007 年年底，总共 6000 只的养鸡项目启动。可 2008 年遭遇了禽流感，眼看投资要打水漂，人心浮动。合作社承受了前所未有的压力，经过社员大会讨论，2/3 人赞成撤资。

2009 年 3 月，潘世云将社员投资悉数退回，亏本的 2 万元自己承担，合作社元气大伤，潘世云只得独自收拾烂摊子。

市场风云变幻莫测。2009 年 4 月，禽类市场又转好，刚好养大的鸡让潘世云大赚一笔。不少村民不甘心："如果合作社能继续办，我肯定愿意参与投资。"继续办？潘世云摇了摇头。经历了 2009 年那次变故，他彻底伤了心。

案例来源：李华梁：《一个农业合作社"散伙"的背后》，半月谈网，http：//www.banyuetan.org。

6.3.2 合作社抗险能力不高

前面已经分析过，分散生产模式难以有效解决小农户与大市场的矛盾，合作社从理论上说具有比单个农户更强的抗险能力。所以，我国大力发展农民专业合作社，就是希望能够让合作起来的农民提高风险抵御能力。但从合作社的实际运行来看，在合作社发展的初级阶段，其风险抵御能力还有待进一步加强（见案例 6-8）。

案例 6-8

查北村农民专业合作社

查北村位于马尔康镇大朗足沟内，距县城 5 千米，平均海拔 2900 米。该地为高原山地气候，日照充足、雨量充沛，土质疏松肥沃，适宜精细蔬菜种植。长期以来，查北村农民以种小麦、马铃薯、胡豆等作物为主，一年一季作物，除去相关成本后很少有收益。农闲时节村民们就上山挖药材、外出打零工维持生活。2010 年 5 月，由该村村民泽木根发起，成立了马尔康镇金土地蔬菜种植专业合作社，规模从事莴笋种植。

马尔康镇金土地蔬菜种植专业合作社由泽木根等七人发起，每个社员最低出资 1000 元，注册资金 30 万元。合作社成立了理事会、监事会等相应机构，并对农民入社、成员管理、财务管理和合作社的合并、分立、解散和清算做出了具体规定。目前，入社农户 23 户 73 人，种植面积 120 亩。土地流转和劳动用工方面，从查北村三组的部分农民手中流转土地 120 亩作为合作社的莴笋种植基地，对农户按每年每亩 750 元支付租金，一定三年，每年初付租金。同时，根据需要统筹安排该组农民为合作社提供劳务，支付每人 70 元/天的工资。莴笋种植和田间管理方面，外请六名具有十多年莴笋种植经验的技术骨干，负责莴笋种植辅导和田间管理指导，更新本地农民耕种观念，强化科学种植意识。病虫防治和农田灌溉方面，聘请州县农业部门技术人员不定期加强莴笋病虫害的监控，发现病情及时防治。积极争取上级支持，加强水利灌溉设施等基本建设，增强种植基地应对异常气候的能力。运销组织和开拓市场方面，合作社统一组织运销，通过成都白家市场销往全国各地。同时，在互联网上将相关信息发布出去，招引承销商。利润分配和风险承担方面，合作社社员和农户不承担任何种植和市场风险，每年收取土地租金和劳动力收入。泽木根等七个发起人按投资比例分红或承担市场风险。

合作社成立 2 个月后调查发现，第一季莴笋七月中旬已销售完毕，第二季莴笋已下种出苗。第一季莴笋平均亩产 2900 千克，市场平均价 0.29 元/千克，总产值 40.5 万元。其中，支付租地农民劳动力工钱 18.5 万元，本季租地租金 4.5 万元，支付运输费用和其他费用近 20 万元。从第一季种植销售实际情况看，合作社略有亏损，但租地农民（23 户 73 人）平均收入 3150 元。分析首季合作社亏损原因，有几个重要因素不可忽视：一是 2010 年雨水过多，下种又晚了十余天，导致莴笋成长期多了近十五天，加之外地莴笋同时上市，错过了成都白家市场错峰销售良机，莴笋价格上不去；二是雨水过多，加上首季田间管理不成熟，导致莴笋产量和品质下降，正常亩产应在 3500～4000 千克；三是运输费用偏高，达 300 元/吨；四是首季劳动用工相对较多，部分农民劳动技术不娴熟，莴笋种植成本较高。因此，别除上述因素，应该说合作社运行取得了初步成效，查北村蔬菜产业具备后续发展空间。

但同时也要看到，合作社的运行机制不完善，收益和风险过于集中业主。目前，查北村农民专业合作社实际上是以"种养大户 + 合作社"初级模式在运行。泽木根既作为合作社的发起人，又是社内唯一的种植大户，其他社员与广大农户实际上是作为雇佣关系在社内打工。此种运行模式的好处是农民和社员每年可以获取无风险收益（土地租金和劳动力收入）。弊端却较多：一是自然风险、种植风险和市场风险过于集中业主，而个人承担风险能力明显有限，如遇大灾或其他事故致使业主破产，广大社员和群众的收益也无从保障；二是如遇风调雨顺和市场向好之年，收益将过于集中业主，而广大社员群众的收益不变甚至会出现减少趋势（随着农业机械化推广和劳动效率提高，劳动力收入逐步减少），不利于农民增收。三是在这种模式下农民和社员并没有真正成为市场主体，市场经济法则、规模化种植、产业化经营意识不会深入广大农民群众脑中，未经过市场经济洗礼，不利于农民素质的提高。

案例来源：中共马尔康县委组织部网站，http：//www.abmekzzb.gov.cn。

6.3.3　空壳社现象比较普遍

近年来，农民专业合作社发展迅猛，近 5 年平均每年新增 30 万家，但是其中不乏"假合作社""翻牌合作社"等现象。合作社的"理想类型"是成员角色的同一性、成员资格的同质性和治理结构的耦合性。但是在实践中，由于成员的同质性和同一性在不同程度上的松弛、消解和漂移，导致一些合作社现实类型偏离"理想类型"，从而出现"空壳社""一人社""挂牌社"等怪现象。

"空壳社"是指一些农民专业合作社成立后并没有按合作社的章程进行运作，更没有以合作社的名义开展任何农业生产经营活动，合而不作，只具有合作社的"名"而没有合作社的"实"。比如，山西晋中目前合作社注册登记已达到 8600 余家。然而，该市有关部门调研发现，有的合作社没有任何经济业务和服务内容，存在空壳子、虚架子的现象。据统计，全市有 40% 的合作社没有公章，55% 没有组织机构代码证，64% 没有税务登记证，68% 未办理银行开户许可证。①

"一人社"是指合作社成立后，内部管理制度不完善，组建程序不规范，不少会员对章程内容不甚了解，主要牵头人说怎么办就怎么办，有的合作社甚至由家庭成员出资，其运作和利润分配往往是一人说了算。

"挂牌社"是指部分专业合作社成立只是为了享受国家优惠政策，套取政府补助资金；或者有一些农业企业为了套取国家财政扶持资金或为了享受相关的优惠政策，在企业的基础上使用一些农民的相关证件在工商部门登记注册农民专业合作社，使用合作社的牌子去申报涉农项目，按照企业化的方式运营管理；或者有一些农民专业协会在《农民专业合作社法》颁布实施后登记注册为农民专业合作社，尽管挂上了合作社的牌子，但仍在以协会的方式运作，这种类型的合作社不要求成员出资，成员边界模糊，合作社盈余不在成员间进行分配。如四川某合作社理事长是一企业老板，投入大量资本承包了万亩山地种植樱桃和核桃，为了获得更多的项目支持，借用当地 100 多户农民的证件注册成立了合作社，利用合作社的牌子争取政府项目。再比如，北京某合作社原本是一家企业，注册成立合作社是为了与零售商家乐福签订供货协议，以便家乐福能够享受增值税抵扣优惠。②

6.4 原 因 分 析

6.4.1 农户小农意识重，合作认识不足，合作意识不强

中国几千年来的小农生产方式，使得农民的小农思想根深蒂固。从某种意义上说，小农意识也是农民自我的理性选择。长久以来，农民的生产规模普遍偏小且分散，多为自产自销。在技术进步缓慢的时代，农业生产

---

① ② 王军：《农民合作社变异的原因分析及对策建议》，载《中国国情国力》2015 年第 6 期。

技术有赖于农业生产经验的积累，而农业生产的自然周期性使得这种经验的积累十分漫长，所以，现有的农业生产经验都是经过几代人的辛苦努力才形成，并通过世代的口口相传将这些生产技术和经验进行传播和扩散。同时由于农业基础设施的落后，传统农业生产对自然灾害的抵御能力十分微弱，所以，在吃饱饭的目标下，农民理性地选择固守成规，遵循前人的生产技术和经验，对于新思想、新方法、新技术抱有本能的反抗。

改革开放后家庭联产承包责任制的实行解放了农村生产力，大幅提高了农民的收入。但从另一个侧面看，家庭联产承包责任制否定了之前的人民公社，在客观上又进一步加深了小农的生产方式。因此在一开始提及合作社的建立时，一方面，农民并不愿意破坏现有的生产方式习惯等，不愿意冒险去获得未知的更大的收益；另一方面，计划经济时期超前的合作化运动加深了农民对合作社这一事物的恐惧感，所以，广大的散户小农对合作社认识不足，积极性不高。尽管从理论上说农民合作起来的受益要大于分散生产，但长久以来的小农意识使得合作社的建立不可能来自最基层的动力，而更多的要靠政府的扶持推广，依赖一些种植大户或者地方村干部以及企业家等"精英人才"的大力推动。这一点从现实生活中各个合作社的创建过程中，可以得到印证。

小农意识还表现在农民普遍存在的"搭便车"心理以及观望或者随意的态度，这使得他们在创立合作社的初期以及日常经营管理中都缺乏主动性，依赖合作社的发起人，最多依据"一人一票"原则适时行使自己一定的决策权，有时甚至干脆放弃自己投票的权利，而放任合作社被少数人控制。

除此之外，小农意识还深深地影响着农民的合作行为。正是因为传统小农生产的分散性和无组织性，部分农民在加入合作社之后，行为随意。有的农民不理解合作社统一管理、统一采购的必要性，不遵守合作社的经营要求，不按规定使用农药，甚至仍按之前的生产习惯违规使用农药；有的农民在合作社临时面临经营困难时，产生动摇情绪，以致要求退社；有的农民在市场价格行情上涨时，为多赚取一点利益，便会破坏与合作社的购销合同，私自对外出售；有的农民缺乏长远眼光，合作社有盈利就要求尽快分红，并不考虑长远发展所需的投资积累。如此，等等（见案例6-9）。

案例 6-9

一个合作社带头人的烦恼

10 月下旬，记者来到我省第一个高效农业土地股份合作社，沛县潘庄土地股份合作社采访。合作社董事长周启亮介绍，潘庄合作社近年来发展迅速，土地规模成倍增长，社员收入大幅提高。

欣喜之余，周启亮也向记者诉说苦衷，潘庄土地股份合作社在省内"首尝螃蟹"，没有多少现成经验可寻，发展到目前，作为董事长的他，有点烦恼。

潘庄通过土地股份合作社让村民们致富了，附近的村民也纷纷要求加入。现在潘庄土地股份合作社已经有 4000 多亩地的规模，而在两年前还只是 400 亩。

周启亮的压力比以前大很多："我晚上一听刮风下雨，浑身都怕得哆嗦，万一种植的蔬菜等作物大面积歉收，或者遇到巨大的市场波动，损失怎么办？保险公司现在只给蔬菜大棚本身上保险，大棚里面的作物不给保险。一亩地一年 600 元的保底股金，4000 多亩地，就是 240 万元。"

2004 年受灾的情形，周启亮记忆犹新。那年合作社种植了 120 多亩西兰花，没想到一场大雨导致绝收，投进去的肥料、种子都没了。老百姓慌了，找到周启亮挤兑每亩 600 元的股金。周启亮现在回忆起来仍然情绪激动："我到银行取出 10 多万现金，放在一张长条桌子上：谁要拿钱谁就拿，但年底的分红可就没了。村民领了不到 2 万，就都不领了。大家看我有能力顶住，就都想着后面的股金分红了。"

目前的潘庄合作社，还没有抵御上百万元损失的能力。周启亮说，尽管合作社建立了每年预留 30% 风险保证金的制度，但入股的村民希望眼前分红能够更多一些，而不是"把钱留住"，因此这制度一直没有严格执行。"如果再有大灾，我真不知道如何应付。"

10 月的潘庄，土地股份合作社的各种建设如火如荼。新入股的土地要发展蔬菜大棚，成块的土地还要统一修建灌溉系统、供电系统和道路。

投资 200 多万元的千吨级冷库，也开始筹建，周启亮深知冷库的重要性："蔬菜反季节上市，就能赚到大钱。不管是西兰花、西红柿还是西芹，如果市场价格不对头，我放在冷库一星期，每斤能多卖三四角钱，一亩地就多卖好几千元。"

合作社最近又看好台湾客商发展的袖珍菇，上马了 200 亩菌棚，"台湾老板包销售，出路不用愁。"但是，需要 1000 多万元的资金。

发展的前景很美好，但资金困扰周启亮。"合作社获得了工商登记，成了市场主体，但我们依然面临资金困难。我到信用合作社跑了多少趟，人家说，你们没什么东西能抵押，怎么放贷？这话也对。土地是集体的，没法抵押给银行；大棚建起来很贵，一个 2 万多，可银行只看作废铁废钢来抵押，一个才算两千多。"

把潘庄合作社的配套房屋等固定资产都算上，银行终于答应放贷 10 万元，而周启亮不要了："这点钱杯水车薪，还要走很多手续——我靠自己的面子，能借到的钱也不止这个数。"

面对已经出现的资金"血液梗塞"，潘庄正在想办法增强自己的造血功能。合作社内部搞资金互助和资金入股，比如说建菌棚，周启亮个人拿出 500 万元，村民 5 万元一股，大伙"合资"建。

在潘庄土地股份合作社，社员和周启亮在许多问题上有不同看法。有的社员说，周启亮的思路太超前，冒的风险大，村民们接受不了；周启亮说，有些村民的小农意识太重，小富即安，思想落伍。

合作社的大事，是群众代表大会最后拍板，董事长只能执行。没有代表大会的同意，周启亮动不了合作社的钱。

争议首先出现在合作社收益的分配上。按照周启亮的想法，合作社一年收益的 30% 应当用作未来的发展资金，30% 用作风险保证金，其他的用于分红。但很多社员认为分红的钱越多越好，只想留 10% 作为风险保证金。

建冷库、盖菌棚，不少社员也有意见：目前合作社发展得挺好，扩大规模都要投入大量资金，面临更大的市场风险。而周启亮认为，合作社面对市场，不进则退，只有不断地发展，才能保住利润。建了冷库，才能一定程度上规避市场风险；上了菌棚，才能有新的盈利项目。

"现在做事总觉得牵手牵脚。"周启亮认为，他 20 多年前就在市场上闯荡，身价百万，自己的市场意识起码比村民们强，合作社也是他带着村民们一步步发展到今天的。"发展路径的决策权交给村民，很多好机遇会稍纵即逝。"

案例来源：任松筠、单亮：《一个合作社带头人的烦恼》，载《新华日报》2009 年 11 月 5 日。

6.4.2 合作社与农户资金不足，融资难

就合作社的本身来说，把将分散的农民有组织地聚集一起，形成一个有效率的以增加农民收益为目的的合作组织，再进而使其得以有效运转，需要高额的成本。从现实来看，我国农民专业合作社在发展过程普遍面临资金不足和融资难的问题，也是制约其进一步发展的瓶颈。

合作社创办时期，农民入社时可以选择以土地等资产入股，也可以以现金入股，由于目前农民整体富裕程度较低，现实中多数农民选择土地或其他资产入股，真正以现金入股的较少。即使有农村以外的主体加入，但合作社的社员人数有限，且农村之外的主体所占比例有20%的最高上限，再加上"入社自愿，退社自由"原则，合作社的成员队伍一般变动较大，因此，虽然从表面看一些合作社的资产较多，但真金白银的现金却较少，并且资金数额不稳定。

目前仍有不少合作社处于创办初期或者发展前期，合作社的注册资本本身很少，再扣除开办费以及场地租用使用费和相关工作人员聘用的工资支出，能用于合作社日常生产经营的剩余资金实际上已经十分有限，而之后合作社发展过程中需要扩大生产，其买办购置各项农用以及办公设备、大量收购农产品等都需要充足的资金保障，但是只依靠专业合作社最基本的自有资金来开展日常生产经营是比较困难的。但从农村地区的金融资源来看，多数股份制银行的经营业务不在农村，农村信用社在农村地区金融资源的提供具有绝对的垄断地位，虽说农村信用社主要是为三农服务，但其提供信贷支持时也还需要较高的"门槛"，比如抵押或担保，而这恰恰也是合作社和农民所欠缺的。

为进一步了解合作社的融资现状，笔者在2015年对山东省的20家合作社进行了实地调查。这20家合作社中达到国家级示范合作社的有3家，达到省级示范标准的农民专业合作社有10家，经过多年的发展，合作社已经取得的各类认证、商标或品牌有16个，其中有机农产品认证品牌2个，绿色食品认证品牌4个，无公害农产品品牌14个。但调查中发现，100%的合作社都有资金需求，并且90%的合作社都表示从银行取得贷款较难。调研中在问及如果银行贷款行不通时该如何办，只有一家合作社表示要寻求专业的担保公司求助，其余19家合作社表示只能依赖合作社内

部的融资。如果最后资金实在无法解决时，只能选择等待。这样的结果，实在让人感到震惊。

即使是前面所述的资金互助社，其也严重受到资金不足的制约。根据李春平、刘艳青（2010）的调查，因规模少、资金来源渠道窄、外在约束多，聚福源互助社成立后很快显现出生存动能明显不足的状况。互助社成立不到两天，社内49万元可用资金就全部贷完。2009年10月27日，经省、市银监部门同意，聚福源资金互助社进行增资扩股，股东由原来的48户发展到110户，股本由原来的53.7万元扩增到75.98万元。截至2010年6月末，互助社拥有股金75.98万元，存款仅3000元，拆入资金50万元，贷款余额106.5万元，实现毛利9万元。①

缺乏资金使得一些专门的机构不能聘请专门的人员进行管理，比如第三方顾问（给予方向指导）或者技术指导（帮助合作社进行相关技术的引进）以及审计部门或者财务管理部门（实现有效收益分配），这使得其组织结构始终不能够完善。不仅如此，所筹集到的资金不能满足设备改造、市场开拓、信息收集等需要，这也使得农民对合作社缺乏足够的信心以及主动性。

6.4.3　合作社内部组织机制不健全

农民专业合作社着眼于增加农民收益，其原则上坚持"民办、民管、民受益"。要加强管理，必须制度先行。《中华人民共和国农民专业合作社法》为保障合作社的有序运行，规定了详细的内部组织机制设计，比如最高权力机构——成员大会，常设机构——理事会，监督机构——监事会，还有一些列财务管理规范。但由于广大社员的分散性，合作社的实际运行有赖理事长和理事会的有关管理，因此，合作社内部实际上存在委托代理问题。普通社员将合作社的日常经营管理等交付委托于理事长或理事会，但是由于大多社员自身对合作社了解不够透彻，对代理人的经营方式和目标也不够明确，这就导致社员与理事长（或理事会）之间没有实现很好的信息沟通与交流，从而加大了监督的难度。上面所分析的合作社被少数人控制，为小团体谋利的现象，其根本原因即在于此。

---

① 李春平、刘艳青：《持牌农村合作金融机构的制度成本：聚福源资金互助社案例》，载《金融发展研究》2010年第7期。

大多监事会都形同虚设，无法起到应有的监督作用。当然另外来说，很多普通社员本身缺乏管理经营意识，积极性不高，很少向监事会以及理事会提出自己的建议。农村专业合作社的内部组织结构不能很好地实现各部门的功能，这种权责不明责任监督机制不健全的情况加大了对合作社监督的难度。最终的利益受损者还是广大的普通社员，小户的农民收益得不到保护。

根据笔者 2015 年的调查，合作社的内部管理相当不完善，有的问题令人触目惊心。

其一是财务核算不规范。合作社规范化管理重中之重是财务管理，调查发现，按照《农民专业合作社财务会计制度》要求规范建账的合作社不足一半，有的没有专门的财会人员；有些合作社财务岗位设置看似很多，实则无人；有的账目建立不规范，还有少数合作社根本没有开展财务核算工作；已建账核算的合作社，在票据使用、资金监管、物资收发、产品销售、项目建设、成员账户等方面还存在薄弱环节，有的仅凭"白条"入账，有的以收据入账，五花八门；有些合作社材料出入库及产品出入库不能够精确核算，甚至不核算，且入账不及时，有些合作社两三个月才记一次账，缺乏及时性。极易造成财务管理漏洞。这一点，英启琛（2012）对济南市历城区农民合作社的调研中也有类似的发现（见表 6-1）。

表 6-1　　　2012 年济南市历城区 475 家农民专业合作社基本情况

项目	频数	百分比
一人一票表决方式	79	16.6%
有自己的制度规章	97	20.4%
有理事会、监事会	94	19.8%
有财务制度	113	23.8%
会计、出纳分工明确	89	18.7%

资料来源：英启琛：《农民专业合作社发展问题探究——以济南市历城区为例》，山东大学硕士学位论文，2012 年。

其二是民主管理有待加强。有的合作社"一股独大"，理事会成员由理事长直接任命；有的合作社根本不召开成员大会，或者召开成员大会，理事长也不汇报工作，让成员大会的制约功能流于形式。

其三是监事履职能力弱，监管乏力。合作社的监事会多数流于形式，有的合作社只设一名执行监事，很难履行职责，或者根本没有履行职责，甚至有的合作社监事同时还是理事，监管制度成为一纸空文。

6.4.4　合作社规模不当，作用发挥有限

前面理论分析部分已经阐述过，合作社实际上可以视为一个"俱乐部"，向其内部社员提供俱乐部产品。但最优理论告诉我们，俱乐部有一个最佳的规模点，超过或低于最优规模，都不能让俱乐部的作用得到最大程度的发挥。调研中发现，目前合作社在发展规模上存在两种情形。

其一是规模较小，合作社实力不强。从实际运行效果来看，100～500人规模的农民专业合作社，能够较好地平衡合作社运行成本与收益之间的关系，最大限度地发挥合作社的合作盈余效应，给入社农民带来收入增加。但笔者2015年的调研也发现，有相当多的合作社规模在100人以下，多数合作社在几十人左右，有的甚至只有法律要求的最少五人规模。从出资规模来看，合作社之间发展也不均衡，20家合作社中实力最强的有注册资金500万元，最少的注册资金仅有0.6万元。并且多数农民专业合作社都缺少再生产所需资金和流动资金，不能形成规模化经营的实力。而且，合作社规模过小，难以提高对其他农户的吸引力，从而难以做大，进而影响到合作社积极效应的发挥。

其二是规模过大，合作社运行成本大幅提升。如果合作社的规模超过一定规模，比如超过500人，则合作社的运营和沟通成本都会大幅增加。如果管理不好，合作产生的盈余就会被合作社的运行成本所抵消，甚至还会出现亏损。图6－1是江西省农民专业合作社2014年的发展情况，从中不难发现，50人以下的合作社为3.19万户，比重为90.77%，50～100人的合作社比重为3.40%，100～500人的合作社为5.68%，500～1000人的合作社47户，1000人以上的合作社4户。但从增长速度来看，100～500人的合作社增速超过50%，这也从另一个侧面说明了合作社最优规模的动态调整。合作社规模过大，难以对成员实现有效治理，也难以实现成员的民主和监督权利，甚至难以实现入社农民收入的增

长（见图6-1）。

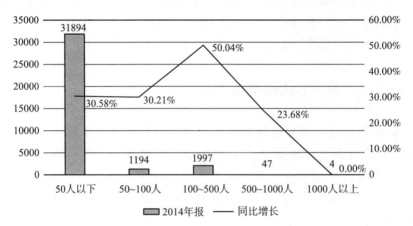

图6-1 2014年江西省农民专业合作社按成员规模划分

资料来源：江西省工商管理局，http://www.jxaic.gov.cn。

6.4.5 外部监督管理机制缺失

不仅内部监管不力，在合作社成立之初，政府和村委会也存在着监管漏洞。很多合作社并未受到相关部门的批准，门槛不高导致合作社开放甚至出现不少时跟风创办，更没有真正被监督。这就使得很多时候存在着其资金来源以及资金使用都未能真正公开透明，资金挪用变得愈加严重。不仅如此，很多农民加入合作社抱着一种快速致富的侥幸心理，但是缺乏应有的法律常识和自我保护意识。他们一方面想着投入钱就能通过合作社的各项活动来获得更高收益，但是另一方面却不考虑风险投资带来的后果，也不对合作社的经营管理进行有效监督，最终导致合作社发生质变，逐渐成为"空壳社"。

另外，随着我国社会经济的不断发展，许多新兴的经济业务不断被创新出来，但与之相关的监管却没有跟上，造成大量的监管真空，从而给违规甚至是违法犯罪行为留下空间。比如前面分析的众多利用合作社平台进行非法集资的案例，即这种情形。当前一些资金互助合作社没有明确的身份，游离于政府部门与金融机构的监管之外。根据我国的金融法规，成立金融机构需要经过金融监管部门的认可，但是，合作社往往又归地方农工部门管理，农工部门不是专业监管部门，缺乏专业人才和专业手段，监管中必然会出现漏洞。而正是因为监管缺位，江苏 4 家资金互助合作社才能将农民的资金用来开发房地产，却长期无人问津。案例 6 – 10 也说明了这一点。

案例 6 – 10

合作社自曝互助资金监管漏洞过

　　2009 年，河北保定的李明和几位村民发起成立了自己的合作社，资金主要来自社员的股金，按合作社股金管理办法，分成各部门。合作社最初主要向社员提供统一购买农药化肥等农资产品的服务，"仅这一项，每亩地就可以为农民省 100 多元，这相当于为农民增加了 100 多元的收入。""实际上，农民生产生活都需要钱，比如结婚、看病、小本生意，有时 500 元农民也想借。"随后，李明没有到有关部门备案，便在合作社原有的基础上设立资金互助部，合作社 200 元一股，入股后就可以成为会员，可内部借款，但资金出借只能是用于社员，月息在一分五左右。"社员如果借钱一般都是按倍数，比如他自有资金是 1000 元，他可以用 5 倍的钱，最高 10 倍，但必须是 4 个担保人。"

　　合作社提供的资金互助服务，比较方便，现在很多村民借钱都不找银行了。李明说："我们与江苏（爆出的问题）不一样。他们公开叫资金互助合作社，可以吸收存款；我们只是合作社的一个部门——资金互助部。"

　　"我们也有资金互助，虽然不是高利贷，但害怕被扣上非法集资的帽子。"李明在接受《每日经济新闻》采访时表示，该合作社的互助资金有近百万元，但和江苏被爆出违规的资金互助合作社一样，其互助资金并无实质监管。

　　"（互助资金）没有实质监管，上级部门倒是不少，农业局、工商局、财政局、质监局、税务局、农工委，谁都可以管得着，谁都没管过。"李明说。

　　案例来源：金微：《合作社自曝互助资金监管漏洞：谁都可以管，谁都没管过》，每经网，http://www.nbd.com.cn。

6.4.6　立法政策模糊不清

　　尽管国家出台了有关农民专业合作社的法律，并随后制定了有关合作社登记管理及财务管理的相关实施办法，但考虑到合作社这一新鲜事物的特性，还有许多法律方面的空白。

首先，有关合作社的法律定位模糊不清。《中华人民共和国农民专业合作社法》第 4 条规定，农民专业合作社依照本法登记，依法取得法人资格。但从相关法律的比较来看，合作社法人又不同于已有的社团法人或企业法人，其法律概念仍比较模糊。《民法通则》是界定民事主体的基本法，《农业法》也与农村专业合作社联系密切，《乡镇企业法》《乡镇集体所有制企业条例》以及《城镇集体所有制企业条例》等都与合作社的登记注册以及建立有着一定关系，但是其内容却都不存在对农村合作社组织及其各主体地位的明确规范。另外，《合作社法》回避了有关法人所有权的问题，明确规定了合作社法人的财产权，但这种法人财产权如何运用，在合作社解散时如何处置，与社员个人财产的所有权如何平衡等问题，都没有明确的解释。

正是由于根源上的立法以及相关法规政策的模糊不清，在农村的合作实践中各合作社普遍不能明确自身定位，不能清楚地认识到自己的身份，社员以及代理人以及内部相关经营管理机构在运行合作社时候，不可避免地出现混乱以及不规范的现象，尤其在很多的农村中，合作社成了"官不官、民不民、商不商、合作不像合作"的"四不像"。最终，这种法律法规和政策上不明确，导致了很多合作社在登记注册时候的模糊不清和混乱。笔者 2015 年在与多位合作社负责人交流之后也发现，目前制约合作社发展的最大障碍是合作社的法律定位问题。

其次，与农民专业合作社法律定位相关的一个问题是，法律没有明确阐述农民专业合作社与基层政府以及村委会之间的关系。合作社当地的乡镇政府以及村党支部和村委会是和农民联系最为密切的基层组织，也是合作社健康发展所必须处理好的两个重要关系。《合作社法》也明确了政府应当对合作社的发展进行必要的支持。但前面已经分析过，政府和村委会在合作社的发展中，有的能够给予有效支持促进合作社的发展，但有的却履职不当，或者过度干预，或者保持冷漠观望，任其自生自灭，有的甚至还阻碍合作社的正常发展。

最后，合作社的经营范围不好把握。农民专业合作社首先是要服务于其内部成员，为社员提供一系列服务，但这并没有否定合作社对外提供经营活动。实际上，作为市场主体的农民专业合作社，其不单单只是要"对内服务",也必然有"对外盈利"的需求。二者对合作社自身的发展以及农民利益的维护都有着重要作用。但是从当前看来,相关法律法规政策对农村专业合作社开展经营的业务范围仍然是规定不详,较为模糊,而这也是导致合作社的发展逐渐缺乏持续动力的原因之一。这一点也在肖楚波(2012)对农民专业合作社的调研中得到了印证。

第7章

政 策 建 议

7.1 一个运行良好的合作社样本及启示

7.1.1 案例介绍

案例 7 - 1

张而草莓专业合作社

山东省济南市历城区"张而草莓专业合作社"成立于 2007 年 8 月，前身为历城区董家镇张而草莓协会，合作社注册资金 0.95 万元，现有成员 108 人，冬暖式草莓种植大棚 1500 多个。2010 年全镇以张而村为中心的草莓种植面积已达近万亩，形成了集草莓种植、采摘、餐饮、旅游为一体的产业体系，如今草莓种植已逐渐成为董家镇农业的主导产业和全镇农民致富增收的重要渠道。

1994 年，作为济南市"菜篮子工程"基地的张而村，受市场、天气等多种因素的影响，村民纷纷改菜为粮，收入也直线下降。时任村委会副主任的赵顺桂到烟台考察特色种植业，最后选中了有着"水果皇后"美名的草莓。

1994 年开始实验性种植并略有收益，1995 年，赵顺桂在村里发展了九家草莓种植示范户。但在知识技术经济为主导、市场竞争日趋激烈的情况下，也曾经遇到过很多困难。一是草莓种植业存在着规模偏小、农户经营分散、各自为战、组织化和市场化程度不高等缺陷；二是种植技术含量低、新品种、新技术引进推广速度慢，合作社一度遇到草莓个头小、下果晚、产量低等一系列问题；三是无序竞争及恶意竞争，抵御市场风险能力差等诸多弊端，并直接导致了广大农户难以与大商贩、工商企业，甚至国际商业集团相抗衡，广大农户种植利益得不到应有的保护。为把相对弱小和分散经营的各家各户组织起来，组建合作经济组织，提高组织化程度，从更高层次、更大范围进入市场，进一步整合小生产与大市场，小群体与大规模之间的关系，提高广大种植户抵御市场风险的能力，进而使广大农户的利益得到最大限度的保护，1997 年在上级有关部门的大力支持和帮助下，本着自愿互助、互惠互利、共同发展的原则，成立了张而草莓技术协会（该协会于 2004 年被国家农业部列为全国首批重点扶持的百家农村经济合作组织试点）。2007 年 8 月在工商局注册了历城区张而草莓专业合作社，村支书赵顺桂被推举为理事长。

合作社成立后，"张而草莓专业合作社"在生产中采取统一供苗、统一施肥、统一购药、统一技术管理、统一销售的"五统一"种植模式，逐步形成了区域化布局、产业化经营、标准化生产、市场化营销、社会化服务、企业化管理的现代农业格局。合作社还建立了科学有效的技术研究与推广体系。近年来，当地果农通过摸索，总结出一套适合本地气候的草莓栽培技术，不但提高了种植技术，还发现了草莓生长的休眠期，并利用调节种植时间和大棚温度的方法成功缩短了休眠期，同时还积极与科研院所合作，研发新品种，委托沈阳农大对主栽品种进行了脱毒组培，初步建立了三级育苗体系。目前草莓品种主要以优质丰产的红脸颊、章姬为主，还有甜宝、丰香等十多个品种。合作社还拥有了自己的农业品牌。2001 年注册了"张而"牌草莓商标，2007 年取得了绿色食品农产品认证，2009 年获得济南市民最满意的十大农产品称号。

为促进草莓销售，合作社投资建立 8600 余平方米的草莓专业批发市场，并与草莓加工企业签订合同，达成合作关系。同时积极开发生态草莓采摘农家游，张而村建起了占地 1000 亩的生态草莓采摘基地，年接到来自省内外的游客达 20 多万人，目前已成功举办九届张而草莓采摘文化节。

为提高大棚后期效益，合作社还引进草莓套种西瓜、洋香瓜、樱桃、西红柿等套种栽培技术，套种作物生长期可延长至 7 月底甚至到 8 月中旬，每亩可增加经济效益 5000 ~ 8000 元。张而村已经由当初的单一的季节菜种植发展到以草莓为主，还有油桃、凯特杏、樱桃、葡萄等 30 余个林果品种。目前，合作社以张而村为中心，共有大棚 2 万余个，种植面积达 1.2 万亩，辐射带动周边 10 余个村庄。

案例来源：作者根据网络整理。

7.1.2 案例启示

从张而草莓专业合作社的发展中可以看出，一个运行良好的合作社，离不开以下几个方面的因素。

第一，农村能人的推动。前面已经分析过，农村精英在合作社创建过程中的重要推动作用。从该案例可以看到，能够推动合作社建立并保证合作社健康有序运行的农村能人需要具备如下几个特征：能力强（强人）、品质好（好人）、经济条件相对不错。这样的农村能人，具有比普通农民更好的视野，能更好把握农村经济发展的趋势和走向，并有乐于奉献和不计个人得失的精神，愿意带领农民一起发家致富。纵观所有运行良好的合作社，可能不同合作社的经营范围不同，但其带头人往往都具备这样的品质。

第二，良好的公共关系。合作社的发展离不开政府和农村集体的支持，该合作社理事长同时兼任村支部书记和村委会主任一职，能够很好地协调合作社与村集体的关系，给合作社发展提供良好的外部环境。由于早期合作社的社员大都是本村村民，所以合作社的健康发展反过来也促进了农村的社会经济发展。根据媒体报道，现在张而村的果蔬大棚亩均收入 1.2 万 ~ 1.5 万元，80% 的农户过上了富裕生活，280 户村民盖起了二层小楼，村里投资 120 万元建起了高标准的村小学教学大楼。[①]

第三，坚持标准化生产。传统分散生产无法保证农产品的品质统一，不同农户的产品质量各不相同。通过合作社平台，实现了统一供苗、统一施肥、统一购药、统一技术管理、统一销售的“五统一”种植模式，从而为农产品的标准化生产提供了可能。以标准化生产为基础，合作社的产品连续通过国家多项产品认证，进一步促进了农民收入的增加。

---

① 郭跃军、刘全祥：《红艳艳的草莓亮丽了农民致富路——济南市历城区董家镇张而村特色种植发展纪实》，创新山东网，http://www.cxsdw.com。

第四，有效的技术推广体系。当前制约农业生产的另一个关键因素是农业科技的推广缓慢。在张而村，之前的草莓技术协会就十分重视草莓的种植技术，合作社成立后引进并推广应用了以色列微滴灌、有机栽培、促成栽培和半促成栽培、立体种植、脱毒苗木等十几项高新技术，黑地膜、反光膜、硫黄熏蒸气、蜜蜂异花传粉等技术得到普遍运用。每年，合作社都组织社员前往辽宁、浙江、南京、胶东等地参观学习，定期聘请省林业厅、省农科院、沈阳农业大学甚至日本的专家、学者，来村里现场为村民开办讲座，进行技术指导，提升了农民的科学素养，提高了大棚种植效益。同时，村里还建立了草莓新品种展示田、高新栽培技术示范田，高产试验田，作为新品种、新技术的试验基地，由村干部带头试验，各个品种、技术经试验成功后方整体推广。目前，张而草莓专业合作社已经成为当地草莓种植技术研发和传播的重要平台，大大丰富了农业科技推广体系。向科技要效益，利用科技手段增加农民收入，已经成为合作社发展的重要方向。

第五，规范的制度建设。有效的监督约束体系是保证合作社健康发展的关键。张而草莓专业合作社在建立之初，即由全体发起人一起表决通过了合作社章程，并把章程作为合作社运行的基本规则，对诸多影响合作社发展的若干关键问题进行了明确，比如对于社员的选举权，明确"实行一人一票制，成员各享有一票基本表决权。而为了激发出资大户的积极性并同时保护小农户的利益，合作社章程对附加表决权进行了明确，即"出资额占本社成员出资总额百分之二十以上或者与本社业务交易量占本社总交易量百分之二十以上的成员，在本社重大财产处置、投资兴办经济实体、对外担保和生产经营活动中的其他事项等事项决策方面，最多享有三票的附加表决权。"为了防止合作社被内部少数人控制，合作社专门设立了监事会，并委托国家审计机构对合作社财务进行年度审计、专项审计和换届、离任审计。真正做到了用制度管人，并把权力关进制度的笼子里。

本书第6章已经对我国农民专业合作社合作机制中面临的问题进行了详细分析，结合上面运转良好的合作社样本案例，本书提出以下政策建议。

7.2　加强宣传教育，增强新时期农民意识和能力

时代在发生变化，新时期的农民要逐渐改变传统的分散生产方式，适

应新时期的要求，逐步提高合作意识、市场意识、民主和法律意识，对于合作社的管理人员还要具备一定的经营管理能力。

7.2.1 培养农民合作意识

小农意识虽然落后，但却是农民理性的选择。目前很多农民对合作社的认识不足，对合作社能够带来的收益不甚了解或者根本不知道合作社为何物，在这样的情况下给农民谈合作社，无疑难度较大。所以，要想吸引更多农民入社，加快合作社发展，必须典型示范，让农民亲眼看到合作社真真切切的优越性，亲自体会到合作社的好处，这样农民才会主动加入合作社，并在合作社的发展中贡献自己的力量。

要想做好宣传教育，必须改变现在传统的宣传方式，也要进行"供给侧"的结构性改革。之前农村常见的宣传方式就是标语上墙和发放明白纸，但由于农民的知识水平有限，这样的宣传效果，可想而知。所以，要想做好合作社的宣传工作，必须紧密结合当地实际情况，了解农民需求，开展多样化的宣传教育活动，既保持合作社知识的输出，又有一定的趣味性，使得农民乐于学习了解，带动农民学习的热情，引领农民自下而上创立或加入合作社。

7.2.2 增强农民的市场意识和契约意识

市场经济同时也是契约经济，所有经济主体都必须遵循市场交易的规则。但上面曾分析过传统的小农意识惯性下，农民的契约意识不强，在交易条件发生变化时，违约会获得额外收益，从而容易产生不遵守与合作社契约的情形。

从经济角度看，这种违约行为对单个农民是理性的，因为会有收益。但如果所有合作社社员都采取违约行为，就会产生个体理性加总导致集体非理性的结果，这种集体的非理性反过来又会影响到个体理性的收益。所以，从现实出发，要加强对农民市场和契约意识的教育。对于违约的社员，可以通过惩罚甚至开除等手段，增强合作社与社员契约的法律严肃性，保证合作社契约的顺利履行，进而实现合作社的合作盈余最大化。

7.2.3 培养农民的民主和法律意识

农民合作社的规范发展取决于农民社员民主意识的发育、人文精神的觉醒及对合作社理念的执着追求。要强化合作社人才培育力度和合作社文化宣传力度，大力培养成员的民主意识与法律意识，增强成员参与合作社治理的积极性。建立并完善农村基层民主制度，为合作社营造良好的外部环境。

7.2.4 培养合作社专业人才的经营管理能力

我国的农民专业合作社在发展过程中还存在着能人不足的约束，缺乏足够数量的具有经营管理才能以及具有奉献精神的人。这不仅使得合作社的发展失去了企业家人才的支撑，也给合作社增加了被少数人控制的风险，不能真正实现合作的好处，也不能增加农民的收益。

所以，合作社的健康发展，除了要对农民进行教育以增强其合作社意识、契约意识和民主意识之外，还要特别注意发挥合作社专业人才的作用，通过大力提高他们的经营管理意识和能力，让合作社的运行更加高效，从而最大限度地保证农民的利益。

对政府来说，要有宏观战略意识和长远目标，要把合作社专业人才的培养作为一项重点任务根据需要制订各种专门的培训计划，建立多元化的培养体系，有计划地、有规律地组织农民的合作社知识培训和经营管理能力培养。在培养的过程中，注重提高合作社专业人才的文化素质、商品意识、技术素质以及市场竞争意识等，进而提高其对合作社的经营管理水平，从而为合作社的发展提供源源不断的人力资本支持。

7.3 加强合作社自身建设

加强合作社的自身建设，要从制度建设、规范管理和规模管理三个方面进行考虑。

7.3.1　完善合作社制度建设

首先，严格遵循合作社设立的基本原则。《农民专业合作社法》明确指出了合作社应当遵循的五项基本原则，即（1）成员以农民为主体。农民至少应当占成员总数的80%。（2）以服务成员为宗旨，谋求全体成员的共同利益。以成员为主要服务对象。（3）入社自愿、退社自由。农民可以自愿加入一个或者多个农民专业合作社，入社不改变家庭承包经营；农民也可以自由退出农民专业合作社，退出的，农民专业合作社应当按照章程规定的方式和期限，退还记载在该成员账户内的出资和公积金份额，并将成员资格终止前的可分配盈余，依法返还给成员。（4）成员地位平等，实行民主管理。成员可以通过民主程序直接控制本社的生产经营活动。（5）盈余主要按照成员与农民专业合作社的交易量（额）比例返还。可分配盈余中按成员与本社的交易量（额）比例返还的总额，不得低于可分配盈余的60%，其余部分可以依法以分红的方式按成员在合作社财产中相应的比例分配给成员。

其次，要有完善的章程和各项规章制度。合作社章程要由全体设立人共同参与制定。合作社的重要事项，由成员协商后规定在章程中，对成员资格、权利和义务、组织机构、成员出资、财务管理、盈余分配等十几项内容都做出了明确规定。在合作社章程的基础上，还需要进一步明晰各项规章制度，有成员大会、理事会、监事会、经营管理、财务、人事、档案等制度。

最后，要完善治理结构。优化合作社理事会成员结构，增加普通成员在合作社理事会中的比例，适当限制理事长的权力，规范其行使权力的范围。进一步完善合作社利益分配机制，调动普通成员参与合作社治理的积极性。

7.3.2　加强合作社规范化管理

由于农民专业合作社在我国还处于发展初期，对于大多数人来讲还是一个新生事物，有一个学习、实践和示范、推广的过程，在运行中极有可能偏离合作社的性质。因此，合作社的规范化管理对于合作社的正常运行尤为重要。

首先，要规范民主管理。民主管理的重点是让成员当家做主，实行民主决策、民主管理和民主监督，重大事项必须由社员代表大会讨论决定。社员代表大会表决实行一人一票制。出资额或者与本社交易额较大的成员按照章程规定，可以享有附加表决权。社员有权查阅本社的章程、社员名册、社员代表大会记录、理事会会议决议、监事会会议决议、财务会计报告和会计账簿等权利。

其次，要加强财务管理，实行财务公开。按照《农民专业合作社财务会计制度》加强财务管理，独立建账，规范会计核算。生产经营和经济往来必须有真实的记录和原始凭证，做到会计资料完整、会计账目健全。要定期向社员公布财务状况，接受农业行政主管部门的审计和监督。要按社员与本社的交易额比例返还盈余。理事会应当按照章程规定，组织编制年度业务报告、盈余分配方案、亏损处理方案以及财务会计报告，于社员代表大会召开的 15 日前，置备于办公地点，供社员查阅。

最后，要规范经营行为，加大服务力度。合作社应根据生产经营需要，配置一定的生产经营服务场所和设施，做到合法生产和经营，逐步形成产销联结比较紧密的利益共同体。统一组织采购、供应农业投入品，通过规模采购，努力减少社员的生产成本。统一生产质量安全标准和技术、培训服务，逐步建立生产技术规程、产品质量标准和产品质量追溯、检测监督等制度，积极向社员提供生产技术和经营信息等资料，定期进行技术辅导和培训。统一品牌、包装和销售，要注册商标，积极开拓市场，努力提高统一销售社员产品的程度。统一产品和基地的认证认定，要做好无公害基地、无公害农产品、绿色食品、有机食品及地方名牌、著名商标的认证认定，提升产品品牌和档次。

7.3.3　坚持适度规模

前面已经分析过合作社规模过大或过小的问题。没有规模就没有议价优势，也就没有合作盈余。但规模过大，超出合作社的管理能力，也必然带来效率和经济上的损失。所以，合作社应坚持适度规模，对于规模过小的合作社，要增强合作社的实力，以增加对农民的吸引力，从而增大合作社规模；而对于规模较大的合作社，要提高合作社的运行效率，尽量实现与管理能力相适应的"合作规模"。从中国目前现实考虑，一般合作社的规模以控制在 100～500 人为宜。

7.4　完善政府支持政策

农民专业合作社的发展离不开国家政府的帮助和扶持。对于我国的合作社来说，必须加强观念引导、明确政府职能定位，优化相关财税金融政策，从而为合作社的发展提供有力的保障。

7.4.1　转变观念，明确政府定位

党的十八大以来，我们在政府与市场的关系认识上逐渐清晰，市场在资源配置中起决定性作用，政府主要在市场失灵领域发挥作用。

以往许多地方在政府职能定位上不清，要么是政府管得太多了，政府大包大揽，甚至由政府出面组建合作社，并以政府命令方式要求农民加入，要么是政府管得不够，对农民自发成立的合作社不管不顾，任其自生自灭。这两种倾向都是不对的。所以在优化政府扶持政策之前，首先要明确政府的职能定位，既不能越位，也不能缺位。

要改变政府主导的观念，把合作社的创办经营权真正下放给广大的农民，坚持做到农民"民办、民管、民受益"，政府只是为其提供良好的外部环境和优质发展土壤，并把国家的惠农政策真正落到实处。对合作社来说，也要转变观念，减少或避免对政府的过度依赖，逐步依靠农民的力量把合作社发展壮大。

此外，还要加强政府对合作社的监管。前面分析的合作社非法集资十分普遍的现象，除了合作社被少数人控制谋求利益的动机之外，政府监管的缺位也是重要因素。所以，转变政府职能，不是说不要对合作社进行管理，相反，应该加强对合作社的监管，防止违规违法行为的发生。

7.4.2　优化政府扶持方式与效率

当前，政府对合作社的扶持项目多、力度大，但也存在扶持政策分散

化以及效率不高的情形，为此，需要从以下几个方面着手。

第一，整合财政扶持政策，加强财政扶持资金监管。要逐步转变财政资金使用方式，优化财政扶持方式，减少投入性质的扶持，提高合作社使用财政资金的成本，同时要增大绩效奖励性扶持力度，扩大贴息或奖励补助的比重。对于获得政府财政资金扶持的合作社，要加强对其审计工作的力度，提高财政扶持资金使用效率。

第二，规范合作社税收优惠政策。出于鼓励合作社发展的目的，国家针对合作社出台了相应的税收优惠政策，涉及增值税、企业所得税、印花税、城镇土地使用税、耕地占用税等多个税种。但在实践中发现，合作社的税收优惠政策不清、使用随意的现象比较多，有的企业甚至打着合作社的旗号享受合作社税收优惠，造成国家税款流失，导致税负不均。所以下一步要规范合作社的税收优惠政策，把握好政策尺度，并严格区分以下四种界限：一是社内与社外的界限，农民专业合作社销售的农业产品必须是本社成员生产的，社外企业或者个人生产的由农民专业合作社收购再销售的则不能享受税收优惠照顾。二是免税农产品与应税农产品的界限，按照《财政部国家税务总局关于农民专业合作社有关税收政策的通知》，增值税一般纳税人从农民专业合作社购进的必须是免税农业产品，才可以按照13%的扣除率计算抵扣增值税进项税额，不属于免税农业产品范畴的则不能抵扣。三是免税商品与应税商品的界限，农民专业合作社经营的商品或许有很多品种，但只有也仅有"农膜、种子、种苗、化肥、农药、农机"六种商品"向本社成员销售"才可以享受免征增值税优惠照顾，经营的其他商品则均要按照规定申报缴纳增值税。四是农用与非农用的界限，城镇土地使用税规定的"直接用于农、林、牧、渔业生产用地"、房产税规定的"对农林牧渔业用地"、印花税规定的"与本社成员签订的农业产品和农业生产资料购销合同"、耕地占用税规定的"建设直接为农业生产服务的生产设施占用规定的农用地的"、契税规定的"纳税人承受荒山、荒沟、荒丘、荒滩土地使用权，用于农、林、牧、渔业生产的"等"农用"应税项目可以享受免税优惠照顾，而非"农用"项目则应按照规定申报缴纳各项税收。

第三，完善合作社的金融支持政策。调查中发现，合作社在发展过程中普遍面临资金不足、融资渠道的瓶颈，为解决合作社融资难的问题，建议一方面要设立农民专业合作社发展资金，对深化农业产业化以及一些科技兴农的相关扶持项目资金进行有效整合，使得合作社的合力效果更加明显；另一方面，政府应加大对合作社的金融支持，创新多元化手段，推动农村金融组织创新发展，建立多种形式的金融机构，更好地服务于合作社。

7.5 完善合作社相关法制建设

前面对农民专业合作社的法制建设中存在的问题进行了分析，总体来说，除了《农民专业合作社法》之外，再也没有更加深化以及更完备的相关法律，这使得合作社的立法问题以及其具体的界定问题难以明确。而从国际上看，日本农协、美国的农业合作组织等都依托于专门的法律法规，这是国际上合作社得以成功发展的经验之一。市场经济是法治经济，从根本上说，要想让合作社能够在市场竞争中提高竞争力，得以有序发展，并获取合作盈余，法制建设不可或缺。只有完善好合作社相关的法制建设，才能发挥法律的普遍约束力，也才能有效地解决目前合作社定位模糊、被少数人控制以及农民认识不明确、不够有信心等问题。

加强合作社的法制建设，一是要解决宏观层面的法律衔接和协调问题，《农民专业合作社法》虽明确了合作社的法人地位，但与《民法通则》中有关法人的分类仍存在衔接上的模糊性，对合作社与政府、村委会的关系也没有在法律上进行明确，与《乡镇企业法》《村民组织法》等相关法律也存在一定的矛盾或不适应之处。所以，应继续完善《农民专业合作社法》，使其更好地适应当前市场经济的发展要求。二是要从微观层面加强法制建设，完善合作社的运行体系，比如要通过法律或法规建设，明确合作社成员的资格，明确合作社联合社的法律地位，完善成员出资及合作社的产权制度，完善合作社的盈余分配制度及组织机构和治理体系等，为合作社的健康有序发展提供保证，从而使得合作社从创立到运行管理等活动都能实现有法可依、依法进行。

附：

调 查 问 卷

问 卷 编 号：_____
问卷完成人：_____

农民专业合作社负责人调查问卷（Ⅰ部分）

A. 合作社基本情况

1. 合作社全称：_____

2. 合作社成立的年份：_____

3. 合作社是否在工商部门注册：_____   （1）是   （2）否

4. 合作社主营产品是：_____   （1）粮食作物   （2）经济作物（请注明）_____   （3）瓜果蔬菜   （4）家禽家畜   （5）水产养殖   （6）花卉苗木   （7）其他（请注明）_____

5. 合作社主营产品在本地的生产是否形成规模：_____   （1）是   （2）否

6. 该合作社由谁发起：_____   （1）龙头企业（公司）   （2）农村能人或村干部   （3）生产、销售大户   （4）供销社及原国营粮食、商业系统的企业   （5）普通农民   （6）农业技术人员   （7）农技推广部门   （8）其他（请注明）_____

7. 该合作社是：（1）国家级示范合作社   （2）省级示范合作社   （3）市级示范合作社   （4）县级示范合作社   （5）非示范合作社   （6）其他（请注明）_____

8. 合作社成立的初衷（可多选）：_____   （1）解决土地零散，不能规模生产的问题   （2）解决生产资料购买问题（种子、化肥、农药）

（3）解决农业科技与生产技术缺乏的问题 （4）解决销路不畅的问题 （5）解决运费高的问题 （6）解决产品深加工和品牌的问题 （7）解决市场信息缺乏的问题 （8）解决散户市场谈判力弱的问题 （9）解决贷款难的问题 （10）其他（请注明）＿＿＿＿＿＿＿

9. 合作社成立之初，有社员：＿＿＿＿＿＿（人）；合作社现有在册社员：＿＿＿＿＿＿（人），其中，企业、事业单位或者社会团体社员：＿＿＿＿＿＿（个）

10. 合作社对社员入社有无生产规模要求：＿＿＿＿＿＿ （1）有，＿＿＿＿＿＿ （2）无

11. 合作社成立时的辐射范围＿＿＿＿＿＿；现在的辐射范围：＿＿＿＿＿＿（1）本村 （2）本乡跨村 （3）本县跨乡 （4）本市跨县 （5）本省跨市 （6）跨省

12. 辐射范围内，是否有同类产品生产者未加入该合作社：＿＿＿＿＿＿（1）是 （2）否

13. 合作社注册资金：＿＿＿＿＿＿（万元）

14. 合作社是否采取股份制：＿＿＿＿＿＿ （1）是 （2）否【选"否"，请跳向20】

15. 合作社总股本：＿＿＿＿＿＿（万元），＿＿＿＿＿＿（元／股）

16. 土地、农机、房舍等是否可以折股：＿＿＿＿＿＿ （1）是，＿＿＿＿＿＿ （2）否

17. 社员之间所持有的合作社股份的差异程度：＿＿＿＿＿＿（1）高 （2）一般 （3）低

18. 企业、事业单位或社会团体社员的股金占总股金的比例（%）：＿＿＿＿＿＿

19. 最大出资者的股金占总股金的比重（%）：＿＿＿＿＿＿；在合作社中的职位是：＿＿＿＿＿＿

20. 合作社的土地是否连片生产耕作：＿＿＿＿＿＿ （1）是，方式：＿＿＿＿＿＿a）统种统管统收 b）统种分管统收 c）其他（请注明）＿＿＿＿＿＿ （2）否

21. 合作社有无固定办公场所：＿＿＿＿＿＿ （1）有 （2）无

22. 合作社有无为社员服务的设施（如冷库、厂房等）：＿＿＿＿＿＿（1）有 （2）无

23. 合作社有无专职工作人员（如管理人员、技术人员）：＿＿＿＿＿＿

（1）有　（2）无

24. 合作社是否建有专门网站：_____　（1）有　（2）无

25. 合作社的机构设置：_____　（1）完善　（2）一般
（3）不完善

26. 合作社拥有：_____　（1）国家级品牌　（2）省级品牌
（3）市级品牌　（4）县级品牌　（5）没有自己的品牌

27. 合作社现在获取资金的主要渠道：_____　（1）社员自筹
（2）银行贷款　（3）政府支持　（4）农业企业资助　（5）其他（请
注明）_____

28. 合作社获得银行贷款：_____　（1）困难　（2）一般
（3）不困难

29. 合作社有无政府支持：_____　（1）有（请注明）_____
（2）无

30. 合作社的资金能否满足各项工作的运行：_____　（1）能
（2）不能

31. 合作社获取市场信息的渠道（可多选）：_____　（1）网络
（2）中介机构　（3）社内营销人员　（4）相关政府部门　（5）合作社创办人
或牵头单位、企业　（6）其他（请注明）_____

32. 获取的信息是否满足合作社决策的需要：_____　（1）是
（2）否

33. 合作社的营销平台建设：_____　（1）完善　（2）一般
（3）尚待完善

34. 合作社与高校、科研机构有无联系或合作：_____　（1）有，
_____（2）无

35. 合作社所在地是否经济发达地区：_____　（1）是　（2）否

36. 辐射范围内是否有业务相近的同行竞争者：_____　（1）有，
竞争压力：_____　a）大　b）一般　c）不大　（2）无

37. 成立合作社之前，所在地农户的合作程度：_____　（1）高，
互帮互助　（2）一般　（3）低，基本不合作，各干各的

38. 合作社所在地人口流动性：_____　（1）强　（2）一般
（3）弱

B. 合作社社长（理事长）基本信息

1. 合作社社长的年龄：_____岁

2. 合作社社长文化程度：_____ （1）文盲 （2）小学 （3）初中 （4）高中 （5）大专 （6）本科 （7）硕士及以上

3. 合作社社长的身份Ⅰ（可多选）：_____ （1）企业负责人 （2）村干部 （3）乡镇干部 （4）生产、销售大户 （5）农村科技人员 （6）原供销社负责人 （7）其他（请注明）_____

4. 合作社社长的身份Ⅱ：_____ （1）农民 （2）非农民

5. 合作社社长的政治面貌：_____ （1）党员 （2）非党员

C. 合作社的生产经营及分配

1. 合作社向社员提供的服务（可多选）：_____ （1）生产资料采购 （2）农业科技和管理培训 （3）价格、销售信息 （4）防虫防疫 （5）提供大型农机 （6）仓储服务 （7）运输服务 （8）贷款服务 （9）保险服务 （10）产品包装 （11）产品深加工 （12）对外宣传 （13）产品销售服务 （14）基础设施投资与改造 （15）品种改良 （16）其他（请注明）_____

2. 以上服务：_____ （1）统一提供 （2）按社员需要 （3）其他（请注明）_____

3. 去年对社员进行技术、经营、合作知识等培训：_____（次）

4. 合作社是否要求社员使用统一的生产技术和质量标准：_____ （1）是 （2）否

5. 合作社是否根据接到的订单安排社员生产：_____ （1）完全按订单 （2）部分按订单 （3）不按订单

6. 合作社是否与社员签订稳定的购销合同（或即使没有合同，却有实质上的稳定的购销关系）：_____ （1）是 （2）否

7. 去年合作社在收购社员的产品时，是否支付高于市场行情的价格：_____ （1）是，高出（%）_____ （2）否

8. 去年向社员提供农资时是否优惠：_____ （1）是，优惠（%）_____ （2）否

9. 去年合作社产品销售价格是否高于市场价格：_____ （1）是，高出（%）_____ （2）否

10. 去年合作社主要投入品价格是否低于市场市场价格：_____

（1）是，低出（%）_____ （2）否

11. 过去三年合作社分别盈利：_____、_____、_____（万元）

12. 合作社去年纳税：_____（万元）；税收优惠： （1）有，_____ （2）无

13. 去年，合作社的盈利分配（可多选）：（1）按股分红，占（%）_____ （2）按惠顾额（交易量）返利，占（%）_____ （3）提取公积金，占（%）_____ （4）提取公益金，占（%）_____ （5）其他（请注明）：_____占（%）_____

14. 去年提取的公积金、公益金是否量化为每个成员的份额：_____ （1）是 （2）否 （3）没有提取公积金、公益金

15. 去年，合作社总的生产规模：_____（占地、产量等）

16. 去年，合作社生产规模最大的3~5位社员：

	生产规模	股金（或出资额）（万元）	在合作社中的职位	分红（万元）
1				
2				
3				
4				
5				

D. 合作社组织治理结构

1. 有无规范章程：_____ （1）有，是否得到严格执行：_____ a）是 b）否 （2）无

2. 合作社理事会的成员人数（人）：_____；理事会中，生产和运销大户、供销合作社、龙头企业或农村基层组织的成员人数（人）：_____

3. 合作社的理事长是否也是合作社的经理：_____ （1）是 （2）否

4. 去年理事会会议召开的次数（次）：_____

5. 理事会会议的决策是否实行一人一票：_____ （1）是 （2）否

6. 去年社员大会、社员代表大会召开的次数分别为（次）：_____、_____

7. 社员大会、社员代表大会的表决方式是否一人一票：_____ （1）是 （2）否，出资额或交易量（额）较大的成员，在社员（代表）

大会中享有附加表决权

8. 去年监事会会议召开的次数（次）：＿＿＿＿＿＿

9. 合作社会议有无记录：＿＿＿＿＿ （1）有 （2）无

10. 合作社是否有完整、详细的社员产品交易记录：＿＿＿＿＿ （1）是（2）否

11. 合作社是否有规范的财务账目：＿＿＿＿＿ （1）是 （2）否

12. 去年合作社财务信息公开的次数（次）：＿＿＿＿＿；合作社员是否有权按照章程查阅合作社会议记录、财务状况：＿＿＿＿＿ （1）是（2）否

13. 合作社的公共信息服务平台建设：＿＿＿＿＿ （1）完善 （2）一般 （3）尚待建设

14. 是否有政府部门对合作社的运行状况进行检查？＿＿＿＿＿ （1）是（2）否

15. 去年社员退社的人数（人）：＿＿＿＿＿（没有为0）

16. 合作社对社员退社有无限制：＿＿＿＿＿ （1）有（请注明）＿＿＿＿＿＿＿ （2）无

17. 社员退社时，是否退还其出资额（或股份）：＿＿＿＿＿ （1）是（2）否

18. 合作社是否获相关优惠政策：＿＿＿＿＿ （1）是，＿＿＿＿＿（2）否；是否获得资金扶持：＿＿＿＿＿ （1）是，数额＿＿＿＿＿（万元）（2）否

19. 合作社发展中面临的问题有：＿＿＿＿＿＿＿＿＿＿＿＿＿＿

20. 合作社需要政府在哪些方面给予支持：＿＿＿＿＿＿＿＿＿
＿＿＿＿＿＿＿＿＿＿＿＿＿＿＿＿＿＿＿＿

E. 合作社总体评价

1. 合作社在满足社员需求、提高收入方面效果：＿＿＿＿＿ （1）好（2）一般 （3）差

2. 合作社的盈利能力与从事同类农产品经营的竞争者（其他合作社、散户等）相比：＿＿＿＿＿ （1）好 （2）一般 （3）差

3. 合作社的业务增长速度与从事同类农产品经营的竞争者（其他合作社、散户等）相比：＿＿＿＿＿ （1）好 （2）一般 （3）差

4. 社员对合作社各类事务的参与：＿＿＿＿＿ （1）积极 （2）一般

（3）不积极

5. 社员对合作社的认可程度和满意程度为（1）高　（2）一般
（3）低

6. 在当地从事同类产品生产人员中，社员人均年收入与非社员相比：
_____（1）高，高出（%）_____（2）没有差别　（3）低，低出
（%）_____

7. 合作社对当地经济社会发展有哪些影响（可多选）：_____
（1）提高了当地相关产业的规模　（2）提高当地相关产业的效益　（3）推
动当地农业科技应用　（4）带动当地闲散劳动力就业　（5）促进当地
农村精神文明　（6）带动当地合作社发展　（7）促进合作社知识普及
（8）其他（请注明）_____

问卷编号：_____

农民专业合作社社员调查问卷（Ⅱ部分）

F. 基本情况

1. 性别：_____　（1）男　（2）女

2. 年龄：_____岁

3. 文化程度：_____（1）文盲　（2）小学　（3）初中　（4）高
中　（5）大专以上

4. 去年，您家庭的农业收入占总收入的比重（%）：_____

5. 去年，您从合作社所获收入占您全年总收入的比例是（%）：
_____

6. 除合作社经营的农产品，您还从事何种农产品的经营（没有不
填）：_____，占您去年家庭总收入的比重（%）：_____；除农业
生产外，您还从事何种兼业（请注明）：_____

7. 至目前，您从事合作社经营的这类农产品的生产已经有多少年：
_____（年）

8. 去年，您本人的生产经营规模为_____（产量、承包土
地规模等），在合作社中属于：（1）大　（2）一般　（3）小

9. 去年，您家庭年收入_____（万元），在社中：（1）高

（2）一般　（3）低

10. 您认为您的各种社会关系资源情况为：＿＿＿＿＿＿＿＿（1）多（2）一般　（3）少

11. 在合作社成立前，您与附近同类生产经营者的合作情况：＿＿＿＿＿＿（1）合作多，经常分享信息、经验，共同使用大型机械或组成小团队购买生产资料，销售产品等　（2）一般，有时合作　（3）几乎不合作，各干各的

12. 您在哪一年加入该合作社：＿＿＿＿＿＿；股金（或出资额）为：＿＿＿＿＿＿（元），您的股金（或出资额）在合作社中：＿＿＿＿＿＿（1）多（2）一般　（3）少

G. 合作社的认知与参与

1. 您对"合作社"的理解是（请简单说明）：＿＿＿＿＿＿＿＿
＿＿＿＿＿＿＿＿＿＿＿＿＿＿＿＿＿＿＿＿＿＿＿

2. 您对合作社的章程：＿＿＿＿＿＿　（1）很了解　（2）一般　（3）不了解

3. 您对合作社章程的执行情况：＿＿＿＿＿＿（1）很了解　（2）一般（3）不了解

4. 您对自己的权利和义务：＿＿＿＿＿＿　（1）很了解　（2）一般（3）不了解

5. 您对理事会、监事会的运行：＿＿＿＿＿＿　（1）很了解　（2）一般　（3）不了解

6. 您认为合作社的机构设置：＿＿＿＿＿＿　（1）完善　（2）一般（3）不完善

7. 您是如何入社的：＿＿＿＿＿＿（1）熟人介绍　（2）政府组织参加（3）合作社宣传后参加　（4）自己听说合作社后主动参加　（5）其他（请注明）＿＿＿＿＿＿

8. 您在合作社的身份是：＿＿＿＿＿＿　（1）普通成员（一般农户）（2）核心成员（可多选）＿＿＿＿＿＿a）生产大户　b）运销大户　c）供销社负责人　d）龙头企业代表　e）理事会、监事会成员　f）村干部g）技术人员　h）其他（请注明）＿＿＿＿＿＿

9. 您是否了解所在合作社的经营状况：＿＿＿＿＿＿（1）是　（2）否

10. 您通过哪些途径了解贵社的经营状况（可多选）：＿＿＿＿＿＿

（1）社员大会　（2）社员交流　（3）合作社定期公布信息　（4）网络平台　（5）其他（请注明）_____

11. 您对合作社信息的公开透明程度是否满意：_____　（1）满意　（2）不满意

12. 您在合作社中享有的权利和服务（可多选）：_____（1）技术指导和培训　（2）农资与农产品购销信息　（3）稳定的生产资料供给（4）优惠的供应价格　（5）稳定的产品收购　（6）优惠的收购价格（7）按交易量返利（8）按股分红（9）使用大型农机　（10）防虫防疫（11）仓储服务　（12）运输服务　（13）贷款服务　（14）保险服务（15）产品包装　（16）产品深加工　（17）品种改良　（18）其他（请注明）_____

13. 您入社以来接受的合作社组织的培训次数（次）：_____

14. 参加合作社后，您的农业投入品（如化肥、农药、种子等）通过合作社采购的份额为（%）：_____；您的产品通过合作社销售的份额为（%）：_____

15. 您跟合作社之间有没有签订购销合同（或即使没有购销合同，却与合作社之间有实质的稳定购销关系)？_____（1）有　（2）没有

16. 您是否愿意与合作社保持稳定的交易关系：_____　（1）愿意，减少风险（2）不愿意，缺乏灵活性

17. 如果市场价格高于合作社给的价格，您是否会将产品卖给合作社：_____（1）愿意　（2）不愿意

18. 在订有合同或具有某种被大家默认的规则时，违反合同或规则，会不会受到惩罚或遭受损失：_____（1）会（请注明）：_____　（2）不会

19. 您一般每年参加合作社社员大会或社员代表大会的次数：_____（次）

20. 您参加合作社会议：_____　（1）积极　（2）一般（3）不积极

21. 您个人对合作社经营决策的影响情况：_____　（1）大（2）一般　（3）小

22. 您觉得合作社的决策是否符合您的需求、意愿和利益：_____（1）基本符合　（2）部分符合　（3）基本不符合

23. 您认为合作社会议解决问题的效果：_____ （1）好 （2）一般 （3）差

24. 您认为是否应该坚持民主控制（主要坚持一人一票）：_____ （1）应该 （2）不应该，出资多者理应获得更多的权利

25. 去年您在合作社盈利分配中的所得（可多选）：（1）按股分红，占（%）_____ （2）按惠顾额（交易量）返利，占（%）_____ （3）其他（请注明）_____

26. 你认为合作社的盈利分配方式：_____ （1）合理 （2）不合理，应_____

H. 合作社评价

1. 您认为贵社管理人员的领导决策能力：_____ （1）强 （2）一般 （3）弱

2. 您认为合作社的业务发展状况：_____ （1）好 （2）一般 （3）差

3. 您认为合作社的盈利能力：_____ （1）好 （2）一般 （3）差

4. 您认为合作社的盈利能力与从事同类农产品经营的竞争者（其他合作社、散户等）相比：_____ （1）好 （2）一般 （3）差

5. 您认为合作社的业务增长速度与从事同类农产品经营的竞争者（其他合作社、散户等）相比：_____ （1）好 （2）一般 （3）差

6. 您认为合作社在提供服务，解决成员生产、投入、技术、信息和销售问题等方面表现：_____ （1）好 （2）一般 （3）差

7. 您从合作社盈余中所得返利：_____ （1）多 （2）一般 （3）少

8. 您认为贵社在行业中的形象：_____ （1）好 （2）一般 （3）差

9. 您认为贵社对当地经济社会发展的积极影响有（可多选）：_____ （1）提高了当地相关产业的规模 （2）提高当地相关产业的效益 （3）推动当地农业科技应用 （4）带动当地闲散劳动力就业 （5）促进当地农村精神文明 （6）带动当地合作社发展 （7）促进合作社知识普及 （8）其他（请注明）_____；影响是否显著：_____ （9）显著 （10）一般 （11）不显著

10. 您对合作社未来的发展是否有信心：_____ （1）有 （2）不

好说　（3）没有

11. 加入合作社后，您感觉：_____（1）有归宿感　（2）安全感（3）主人翁感

12. 加入合作社后，您得到了哪些方面的好处（可多选）：_____（1）节省时间　（2）降低成本　（3）提高生产技术和水平　（4）获得更多信息　（5）使用合作社的大型农机或设施（如仓库等）　（6）减少风险　（7）其他（请注明）_____

13. 你在哪些方面降低了成本（请以货币度量，单位：元/年）：_____（1）减少信息搜集成本，_____　（2）减少运输成本，_____　（3）节省采购成本，_____　（4）降低销售成本，_____　（5）其他（请注明）_____，_____

14. 加入合作社后，您是否在哪些方面增加了成本（请以货币度量，单位：元/年）：_____　（1）是（请注明），_____，_____　（2）否

15. 加入合作社后您的家庭收入：_____　（1）大幅增加，增幅_____元/年（2）增加，增幅_____元/年　（3）不明显　（4）减少，减幅_____元/年

16. 明年您是否有退社的打算：_____　（1）是　（2）否

17. 合作社如进一步发展，您是否愿意增加投资：_____（1）愿意　（2）不愿意

18. 入社后，您面临的生产销售上的困难还有：_____

19. 您对合作社的满意程度，请您进行整体评价后打分，_____（1~10分）。

问卷编号：_____

农民专业合作社非社员调查问卷（III部分）

I. 基本情况

1. 性别：_____　（1）男　（2）女

2. 年龄：_____岁

3. 文化程度：_____　（1）文盲　（2）小学　（3）初中　（4）高

中 　（5）　大专以上

　　4. 去年，您家庭的农业收入占总收入的比重（％）：＿＿＿＿＿＿

　　5. 除与合作社经营的同类农产品外，您还从事何种农产品的经营（没有不填）：＿＿＿＿＿，占您去年家庭总收入的比重（％）：＿＿＿＿＿；除农业生产外，您还从事何种兼业（请注明）：＿＿＿＿＿

　　6. 至目前，您从事合作社经营的这类农产品的生产已经有多少年：＿＿＿＿＿（年）

　　7. 去年，您本人的生产经营规模为＿＿＿＿＿＿＿＿（产量、承包土地规模等），在当地属于：＿＿＿＿＿（1）大　（2）一般　（3）小

　　8. 去年，您家庭年收入＿＿＿＿＿（万元），在当地：（1）高　（2）一般　（3）低

　　9. 您认为您的各种社会关系资源情况为：＿＿＿＿＿（1）多　（2）一般　（3）少

　　10. 您的亲朋邻里有无加入该合作社或其他合作社的：＿＿＿＿＿（1）有　（2）无

　　11. 您与附近同类生产经营者的合作情况：＿＿＿＿＿（1）合作多，经常分享信息、经验，共同使用大型机械或组成小团队购买生产资料，销售产品等　（2）一般，有时合作　（3）几乎不合作，各干各的

　　12. 您所生产产品的销售渠道（可多选）：＿＿＿＿＿（1）走村销售（％）：＿＿＿＿＿（2）农贸市场销售（％）：＿＿＿＿＿（3）贩销大户销售（％）：＿＿＿＿＿（4）农民组织销售：（％）：＿＿＿＿＿（5）企业销售（％）：＿＿＿＿＿（6）供销社销售（％）：＿＿＿＿＿（7）村集体销售（％）：＿＿＿＿＿（8）批发市场销售（％）：＿＿＿＿＿（9）其他（请注明）＿＿＿＿＿（％）：＿＿＿＿＿

　　13. 您在生产销售中是否遇到以下问题或困难（可多选）：＿＿＿＿＿（1）田地规模小或地块分散　（2）年轻人外出求学、打工，家中缺乏劳动力　（3）生产资料的供应价格波动，真伪难辨　（4）市场信息难以获得，搜寻成本高　（5）缺乏与买方或卖方讨价还价的能力　（6）筹资难　（7）"卖难"，销售渠道不畅　（8）运输费用高　（9）技术缺乏、产品质量无保障　（10）产品缺乏深加工、层次低　（11）其他（请注明）＿＿＿＿＿

J. 对合作社的认识

1. 您对新型农民专业合作社：＿＿＿＿＿＿＿＿　（1）很了解　（2）一般　（3）不了解

2. 您对本地合作社的运营状况：＿＿＿＿＿＿＿＿　（1）很了解　（2）一般　（3）不了解

3. 您对本地合作社的评价：＿＿＿＿＿＿＿＿　（1）好　（2）一般　（3）差

4. 您不加入合作社的原因（可多选）：＿＿＿＿＿＿＿＿　（1）生产规模小，达不到入社门槛　（2）生产规模大，不需要加入　（3）生产规模小，没必要加入　（4）对政策是否具有长期性的担忧　（5）出资额标准太高　（6）认为目前的盈利分配方式不合理　（7）感觉在合作社中说话没有分量，不能自己做主　（8）感觉目前合作社不能满足自己对生产销售和技术的需求　（9）其他（请说明）＿＿＿＿＿＿＿＿＿＿

5. 您希望合作社有哪些方面的改进？（可多选）＿＿＿＿＿＿＿＿　（1）降低出资额　（2）取消入社门槛　（3）改进分配方式　（4）增加农户的发言权、表决权　（5）更贴近农户的需求　（6）其他（请说明）

＿＿＿＿＿＿＿＿＿＿

6. 若合作社如您希望中有所改进，您是否会入社：＿＿＿＿＿＿＿＿＿＿（1）会，您预计加入合作社可能给您带来的好处有哪些（可多选）：＿＿＿＿＿＿＿＿ a）节省时间　b）降低成本　c）提高生产技术和水平　d）获得更多信息　e）使用合作社的大型农机或设施（如仓库等）　f）减少风险　g）其他（请注明）＿＿＿＿＿＿＿＿　（2）不会

问卷完成人：＿＿＿＿＿＿＿＿

参 考 文 献

［1］丁志刚：《论国家治理体系及现代化》，载《学习与探索》2014年第11期。

［2］唐爱军：《国家治理方式现代化的四条标准》，载《中国党政干部论坛》2015年第11期。

［3］刘敬鲁：《当代西方国家治理研究的两种价值取向及其意义》，载《哲学动态》2015年第1期。

［4］樊艳：《孟子国家治理伦理思想研究》，重庆师范大学，2015年。

［5］孙涛：《当代中国社会合作治理体系建构问题研究》，山东大学，2015年。

［6］陈春常：《转型中的国家治理研究》，华东师范大学，2010年。

［7］韩鹏云：《农村社区公共品供给：国家与村庄的链接》，南京农业大学，2012年。

［8］亚当·斯密：《国富论》，陕西人民出版社2001年版。

［9］黄少安：《经济学研究重心的转移与"合作"经济学构想——对创建"中国经济学"的思考》，载《经济研究》2000年第5期。

［10］李保明：《经济学研究领域的拓展与研究方法的创新》，载《山东社会科学》2001年第1期。

［11］杨立岩：《合作与合作经济学》，载《南方经济》2001年第10期。

［12］黄少安、韦倩：《合作与经济增长》，载《经济研究》2011年第8期。

［13］张康之：《在后工业化进程中构想合作治理》，载《哈尔滨工业大学学报》2013年第1期。

［14］张康之：《论参与治理、社会自治与合作治理》，载《行政论坛》2008年第6期。

［15］张康之：《走向合作治理的历史进程》，载《湖南社会科学》

2006 年第 7 期。

[16] 侯琦、魏子扬：《合作治理——中国社会管理的发展方向》，载《中共中央党校学报》2012 年第 2 期。

[17] 乔耀章：《从"治理社会"到社会治理的历史新穿越——中国特色社会治理要论：融国家治理政府治理于社会治理之中》，载《学术界》2014 年第 10 期。

[18] 施米特：《霍布斯国家学说中的利维坦》，华东师范大学出版社 2008 年版。

[19] 俞可平：《治理与善治理论》，载《马克思主义与现实》1999 年第 10 期。

[20] 王辉：《合作治理的适用性及限度》，载《华中科技大学学报》2014 年第 6 期。

[21] 赵守飞、谢正富：《合作治理：中国城市社区治理的发展方向》，载《河北学刊》2013 年第 5 期。

[22] 谭英俊：《公共事务合作治理模式：反思与探索》，载《贵州社会科学》2009 年第 3 期。

[23] 贺雪峰：《乡村治理研究与村庄治理研究》，载《地方财政研究》2007 年第 3 期。

[24] 赵晓峰：《税改前后乡村治理性危机的演变逻辑——兼论乡村基层组织角色与行为的变异逻辑》，载《天津行政学院学报》2009 年第 5 期。

[25] 肖唐镖：《近十年我国乡村治理的观察与反思》，载《华中师范大学学报》2014 年第 11 期。

[26] 陈柏峰：《村庄纠纷解决的主体与治权》，载《中国社会科学报》2011 年第 11 期。

[27] 杨华、王会：《重塑农村基层组织的治理责任——理解税费改革后乡村治理困境的一个框架》，载《南京农业大学学报》2011 年第 6 期。

[28] 郭彩云：《农村民间组织与乡村治理研究》，中央民族大学，2012 年。

[29] 林忠生、杨清：《浅谈新农村建设中农村民间组织的兴起及角色定位》，载《前沿》2007 年第 3 期。

[30] 修建峰：《农村民间组织在村庄治理中的结构与功能——以山东省邹平县 Z 村老年人协会为例》，载《山东省农业管理干部学院》2006

年第 9 期。

[31] 丁艳华、万江红：《农村民间组织对构建农村和谐社会功能的社会学分析》，载《理论观察》2006 年第 10 期。

[32] 高军波、苏华：《西方城市公共服务设施供给研究进展及对我国启示》，载《热带地理》2010 年第 1 期。

[33] 王轶军、郑思齐、刘奋军：《城市公共服务的价值估计、受益者分析和融资模式探讨》，载《城市发展研究》2007 年第 7 期。

[34] 纪江明、胡伟：《中国城市公共服务满意度的熵权 TOPSIS 指数评价——基于 2012 连氏"中国城市公共服务质量调查"的实证分析》，载《上海交通大学学报》2013 年第 6 期。

[35] 朱健刚：《城市街区的权力变迁：强国家与强社会模式——对一个街区权力结构的分析》，载《战略与管理》1997 年第 8 期。

[36] 徐勇：《村民自治、政府任务及税费改革——对村民自治外部行政环境的总体性思考》，载《中国农村经济》2001 年第 11 期。

[37] 陈家喜：《反思中国城市社区治理结构——基于合作治理的理论视角》，载《武汉大学学报》2015 年第 1 期。

[38] 谢立中：《城市居民自治：实际涵义、分析模式与历史轨迹》，载《江苏行政学院学报》2002 年第 9 期。

[39] 李蒙：《基于居民参与的城市社区合作治理研究》，青岛大学，2013 年。

[40] 张士杰：《民国初期合作主义者的合作经济思想研究》，载《经济学动态》2013 年第 11 期。

[41] 卫丁：《中国合作经济思想研究》，山西财经大学，2009 年。

[42] 温晓平：《从民间自发型到政府主导型——近代西方合作经济思想在中国的演化与传播》，南京财经大学，2014 年。

[43] 傅晨：《合作经济制度的传统与变迁》，载《中国合作经济》2004 年第 4 期。

[44] 汪冬梅：《日、美、德农业合作社之比较》，载《世界经济研究》2001 年第 4 期。

[45] 苑鹏：《加拿大新农业时代催生新一代农民合作社》，载《中国合作经济》2004 年第 7 期。

[46] 杨传喜、张俊飚：《农民组织形式的比较及启示》，载《经济纵

横》2009 年第 10 期。

[47] 徐旭初：《农民专业合作社发展辨析：一个基于国内文献的讨论》，载《中国农村观察》2012 年第 9 期。

[48] 张晓山：《农民专业合作社应朝什么方向发展》，载《中国老区建设》2009 年第 2 期。

[49] 潘劲：《中国农民专业合作社：数据背后的解读》，载《中国农村观察》2011 年第 11 期。

[50] 陆文强：《农村合作制的演变》，农村读物出版社 1988 年版。

[51] 李燕凌：《农村公共品供给效率研究》，湖南农业大学，2007 年。

[52] 孙亚范：《现阶段我国农民合作需求与意愿的实证研究和启示——对江苏农户的实证调查与分析》，载《江苏社会科学》2003 年第 1 期。

[53] 郭红东：《我国农户参与专业合作经济组织的意愿和行业——基于 694 个农户的问卷分析》，载《农业经济》2005 年第 11 期。

[54] 张靖会：《农民专业合作社效率研究——基于俱乐部理论视角的分析》，山东大学，2012 年。

[55] 姜明伦：《农民合作的经济学分析》，载《经济问题探索》2005 年第 3 期。

[56] 蔡立雄：《2009 年中国西部经济论坛综述》，载《经济学动态》2009 年第 10 期。

[57] 杨芸芸：《借"俱乐部理论"论城市的人口规模》，载《经营管理者》2009 年第 3 期。

[58] 樊丽明、石绍宾：《当前中国农村公共品政府供给机制的运行及完善》，载《税务研究》2008 年第 12 期。

[59] 曹磊：《我国社区体育俱乐部发展的主要影响因素与发展阶段研究》，福建师范大学，2006 年。

[60] 陈定洋、王泽强：《从非合作博弈到合作博弈》，载《商业研究》2008 年第 3 期。

[61] 贺雪峰：《熟人社会的行动逻辑》，载《华中师范大学学报》2004 年第 1 期。

[62] 吴理财：《对农民合作"理性"的一种解释》，载《华中师范大学学报》2004 年第 4 期。

[63] 叶孝生：《农民合作难的博弈论解读与思考》，载《兰州学刊》

2005 年第 8 期。

[64] 张宝峰：《城市基层社会管理体制创新的理念、原则和措施》，载《学术论坛》2006 年第 5 期。

[65] 蔺雪春：《当代中国村民自治以来的乡村治理模式问题》，载《当代世界社会主义问题》2007 年第 3 期。

[66] 罗伯特·阿克塞尔罗德：《合作的进化》，上海世纪出版集团 2005 年版。

[67] 张雪莲、冯开文：《农民专业合作社决策权分割的博弈分析》，载《中国农村经济》2008 年第 8 期。

[68] 孔祥智、蒋忱忱：《成员异质性对合作社治理机制的影响分析——以四川省井研县联合水果合作社为例》，载《农村经济》2010 年第 9 期。

[69] 林坚、黄胜忠：《成员异质性与农民专业合作社的所有权分析》，载《农业经济问题》2007 年第 10 期。

[70] 刘滨、池泽新、李道和：《农民专业合作社社员资格开放度研究——以江西省为例》，载《农业技术经济》2009 年第 6 期。

[71] 刘登高：《农民合作社的历史教训和新鲜经验》，载《农村经营管理》2005 年第 5 期。

[72] 崔宝玉、刘峰、杨模荣：《内部人控制下的农民专业合作社治理——现实图景、政府规制与制度选择》，载《经济学家》2012 年第 6 期。

[73] 杜吟棠：《合作社：农业中的现代企业制度南昌》，江西人民出版社 2002 年版。

[74] 高丙中：《社会团体的合法性问题》，载《中国社会科学》2001 年第 2 期。

[75] 郭红东：《当前我国政府扶持农村专业合作经济组织发展的行为选择》，载《农村合作经济经营管理》2002 年第 5 期。

[76] 黄祖辉：《农民合作：必然性、变革态势与启示》，载《中国农村经济》2000 年第 8 期。

[77] 刘婷：《不同环境下农民专业合作社的形成路径探析——基于视角的实证研究》，载《农业经济问题》2011 年第 2 期。

[78] 乔俊国：《浅析农民专业合作社制度环境》，载《中国证券期货》2009 年第 8 期。

[79] 王曙光：《中国农民合作组织历史演进：一个基于契约—产权

视角的分析》，载《农业经济问题》2010 年第 11 期。

　　[80] 吴彬、徐旭初：《农民专业合作社的益贫性及其机制》，载《农村经济》2009 年第 3 期。

　　[81] 胥爱贵、韩卫兵：《对农村新型合作经济组织的调查与思考》，载《农业经济问题》2001 年第 3 期。

　　[82] 薛宏伟：《农民专业合作经济组织存在的问题及解决办法》，载《民营科技实践思考版》2009 年第 1 期。

　　[83] 王文献：《我国新型农民专业合作社融资问题研究》，西南财经大学，2007 年。

　　[84] 狄海英、郑红伟、许婷：《农民合作经济组织研究综述》，载《产业与科技论坛》2010 年第 8 期。

　　[85] 杜党勇、蓝海林：《农村社区股份合作经济组织的内部治理结构与代理成本的实证研究》，载《江西财经大学学报》2006 年第 4 期。

　　[86] 傅晨：《为什么要大力发展合作经济》，载《中国合作经济》2005 年第 5 期。

　　[87] 桂玉、徐顾强：《农民合作经济组织治理结构的创新路径》，载《前沿》2009 年第 12 期。

　　[88] 郝小宝：《农民合作经济组织的利益机制与治理结构分析》，载《理论导刊》2005 年第 4 期。

　　[89] 任强、刘健：《中国农村经济合作组织的运行机制研究》，载《农业经济》2009 年第 9 期。

　　[90] 万江红、徐小霞：《我国农村合作经济组织研究评述》，载《农村经济》2006 年第 4 期。

　　[91] 汪文文：《国外农民合作经济组织发展历程、特点及启示》，载《现代农业科技》2008 年第 3 期。

　　[92] 胡卓红：《农民专业合作社发展实证研究》，浙江大学出版社 2009 年版。

　　[93] 丁俊华：《中古特色农业合作社发展研究》，河南大学，2014 年。

　　[94] 李继志：《新型农民专业合作社：参与主体行为、组织制度与组织绩效》，湖南农业大学，2014 年。

　　[95] 赵佳、姜长云：《农民专业合作社的经营方式转变与组织制度创新：皖省例证》，载《改革》2013 年第 1 期。

[96] 万宝瑞：《关于农民专业合作社当前急需关注的几个问题》，载《农业经济问题》2010 年第 10 期。

[97] 李红玲：《农民专业合作组织的社会资本扶贫逻辑》，载《贵州社会科学》2013 年第 3 期。

[98] 陈建新、谭砚文：《基于食品安全的农民专业合作社服务功能及其影响因素——以广东省水果生产合作社为例》，载《农业技术经济》2013 年第 1 期。

[99] 郭红东、徐萍平、王松鹤、周小敏：《充分发挥农民合作组织的作用促进农业和农村经济发展》，载《中国农村经济》1999 年第 11 期。

[100] 陈谭、刘祖华：《精英博弈、亚瘫痪状态与村庄公共治理》，载《管理世界》2004 年第 10 期。

[101] 于建嵘：《农村黑恶势力与基层政权退化：湖南调查》，载《战略与管理》2003 年第 5 期。

[102] 郭明慧、曹英花：《山西省"三农"问题浅议》，载《科技创新与生产力》2012 年第 4 期。

[103] 闫石：《农民专业合作社联合社发展研究》，中国政法大学，2012 年。

[104] 方玉湄、肖洪安、贾宪威：《四川果旺果蔬联合社与台湾农会果品质量保障措施的比较研究》，载《四川农业大学学报》2007 年第 2 期。

[105] 刘婷：《农民专业合作社分布特征及带动能力分析》，载《湖北农业科学》2012 年第 8 期。

[106] 李晓磊：《河北三地合作社非法集资大起底》，载《民主与法制时报》2015 年第 1 期。

[107] 陈辉：《四川省农民专业合作社融资难问题研究——基于对两个合作社的案例调查》，西南财经大学，2013 年。

[108] 康涌泉：《农村合作经济组织的融资问题研究》，载《农业经济》2009 年第 8 期。

[109] 刘建、朱晓林、沈玮：《农村资金互助社运作模式初探——以吉林省六家农村资金互助社为例》，载《农村经济与科技》2009 年第 1 期。

[110] 冉超：《农民专业合作社资金紧缺原因与对策》，载《农村金融》2012 年第 10 期。

[111] 杨宗锦：《新时期农民合作社的发展机遇与挑战》，载《吉林

农业》2011 年第 4 期。

[112] P. 亨廷顿：《变化社会中的政治秩序》，三联书店 1989 年版。

[113] 英启琛：《农民专业合作社发展问题探究——以济南市历城区为例》，山东大学硕士学位论文，2012 年。

[114] 胡卓红：《农民专业合作社发展实证研究》，浙江大学出版社 2009 年版。

[115] 丁俊华：《中国特色农业合作社发展研究》，河南大学，2014 年。

[116] 费立胜：《陕西关中地区农民专业合作社对农户收入影响实证分析》，西北农林科技大学，2013 年。

[117] 陆文强、李建军：《农村合作制的演变》，农村读物出版社 1988 年版。

[118] 罗平汉：《农业合作化运动史》，福建人民出版社 2004 年版。

[119] 王军：《农民合作社变异的原因分析及对策建议》，载《中国国情国力》2015 年第 6 期。

[120] 李春平、刘艳青：《持牌农村合作金融机构的制度成本：聚福源资金互助社案例》，载《金融发展研究》2010 年第 7 期。

[121] 樊丽明、石绍宾、张靖会：《农民专业合作社供给"俱乐部产品"及其经济效应》，载《财政研究》2011 年第 1 期。

[122] 张靖会、石绍宾：《农民专业合作社自愿供给机制分析》，载《财贸研究》2011 年第 12 期。

[123] Jarka Chloupkova. European Cooperative Movement – Background and Common Denominators [J]. Unit of Economics Working Papers, 2002 (04).

[124] Royer. J. S、Bhuyan. S. Forward integration by farmer cooperatives: comparative incentives and impacts [J]. Journal of Cooperatives, 1995 (10).

[125] McGuire, M. Private Good Clubs and Public Good Clubs: Economic Models of Group Formation [J]. The Swedish Journal of Economics, 1972 (74).

[126] Nilsson. Organizational principles for cooperative firm [J]. Scandinavian journal of management, 2001 (17).

[127] Buchanan, J. M. An Economic Theory of Clubs [J]. Economica, New Series, 1965 (32).

[128] Truman F. Bewley. A Critique of Tiebout's Theory of Local Public

Expenditures [J]. Econometrica, 1981 (49).

[129] Amihai Glazer, Esko Niskanen, Suzanne Scotchmer. On the uses of club theory: Preface to the club theory symposium [J]. Journal of Public Economics, 1997 (65).

[130] Ellickson, B, Grodal, B. , Scotchmer, S. , and Zame, W. R. Clubs and the Market [J]. Econometrica, 1999 (05).

[131] Epple, D. , Figlio, Dand Romano, R. Competition between Private and Public Schools: Testing Stratification and Pricing Predictions [J]. Journal of Public Economics, 2004 (88).

[132] Putterman, L, and Skillman, G. L. The Role of Exit Costs in the Theory of Cooperative Teams [J]. Journal of Comparative Economics, 1992 (16).

[133] Helsley, R. W. and Strange, W. C. Exclusion and the Theory of Clubs [J]. The Canadian Journal of Economics/Revue canadienne d'Economique, 1991 (24).